아산재단 연구총서 第349집

학습장애 위험군 아동의 조기선별을 위한 읽기검사 표준화 연구

김애화 · 유현실

집문당

머리말

읽기능력은 성공적인 학교생활 및 사회생활을 하는 데 중요하며, 상당히 일찍부터 발달하기 시작한다. 따라서 최근 조기 선별과 조기 중재가 강조되고 있다. 향후 읽기 영역에서 어려움을 겪을 가능성이 높은 아동을 가능한 조기에 선별하여 적절한 중재를 제공함으로써, 향후 겪게 될 읽기의 어려움을 줄여주자는 것이다. 이러한 움직임은 타당도와 신뢰도를 갖춘 조기 읽기 검사의 개발로 이어졌으며, 이를 위한 기초 연구로서 읽기능력을 예측하는 변인들에 관한 연구가 활발하게 이루어져 왔다. 영어권에서는 이러한 기초 연구의 결과를 기반으로 이미 타당도와 신뢰도를 갖춘 조기 읽기 검사가 현장에서 활용되고 있지만, 우리나라는 아직 조기 읽기 검사가 부족한 것이 현실이다. 따라서 연구자들은 향후 읽기능력을 예측하는 변인들을 밝히는 기초 연구를 수행하고, 이러한 연구결과를 기반으로 읽기장애 위험군 아동의 조기선별을 위한 조기 읽기 검사를 개발하고자 하였다.

이 책은 조기 읽기 검사 및 읽기장애 관련 국내외 선행 연구에 대한 개관, 향후 읽기능력을 예측하는 변인들을 밝히는 추적 연구, 조기 읽기 검사의 개발과정 및 신뢰도와 타당도 검증 연구를 제시하고 있다. 총 5개의 장 중 제1장에서는 연구의 필요성 및 목적, 제2장에서는 읽기 및 읽기장애에 대한 이론적 배경, 제3장에서는 추적 연구 실시 방법 및 연구결과, 제4장에서는 표준화 연구 실시 방법 및 연구결과, 제5장에서는 전체 연구의 요약 및 논의가 제시되어 있다. 특히 외국의 연구를 소개하는 것을 넘어 우리나라 아동을 대상으로 실시한 연구를 소개하고자 노력하였다.

연구자들의 노력에도 불구하고 이 책에 담아내지 못한 읽기 및 읽기장애 관련 내용이 있으며, 본 연구에서 다루지 못한 연구 주제들이 있다. 향후 개정 작업에서 부족한 부분을 보완하고, 읽기장애 분야의 전문가로서 책임의식을 가지고 지속적인 연구를 수행할 것을 기약한다. 모쪼록 이 책이 읽기장애를 이해하고, 읽기장애 위험군 아동을 조기 선별하는 데 기여할 수 있기를 기대한다.

본 연구를 수행하고, 이 책을 집필하기까지 많은 사람의 도움이 있었다. 우선 추적 연구 및 표준화 연구에 참여해준 아동들, 그리고 검사에 도움을 주신 여러 원장 선생님, 원감 선생님, 교장 선생님, 교감 선생님, 선생님들께 진심으로 감사를 드린다. 새벽부터 오후까지 검사에 참여해준 단국대학교 일반대학원 특수교육학과 원생 선생님들과 단국대학교 사범대학 특수교육과의 학부 학생들에게도 진심으로 감사를 드리는 바이다. 특히, 2년에 걸친 연구를 수행하는 동안 많은 애를 써준 박현 선생님과 박성희 박사님께 감사의 마음을 전한다. 대학원 시절부터 지금까지 멘토이자 동료로서 많은 지원과 지지를 아끼지 않은 김의정 교수님께도 감사를 드린다. 또한 본 연구 수행이 가능하도록 연구비를 지원해주신 아산사회복지재단에 감사를 드리고, 세심한 편집을 해주신 집문당 김진경 선생님께도 감사드린다. 마지막으로 읽기장애 분야의 전문가로 성장할 수 있기까지 많은 가르침과 지지를 해주신 샤론 반 교수님(Dr. Sharon Vaughn)께도 진심으로 감사의 마음을 전한다.

A very special thanks to Dr. Sharon Vaughn for her guidance and support.

She makes it possible for me to become an expert in the field of learning disabilities.

2013년 6월
저자 일동

| 차 례 |

제1장 서 론

제2장 이론적 배경

제3장 추적연구 실시 방법 및 연구 결과

제4장 표준화 연구 실시 방법 및 연구 결과

| 표 차례 |

| 그림 차례 |

제1장

서 론

1. 연구의 필요성
2. 연구 목적 및 연구 문제

제1장 서 론

1. 연구의 필요성

읽기능력은 성공적인 학교생활을 하는 데 있어 필수적이다. 지난 30년 동안 읽기능력에 영향을 미치는 요인을 파악하기 위한 연구가 활발하게 실시되어 왔으며, 이러한 요인들을 기반으로 조기 읽기 검사를 개발하려는 노력이 영어권을 중심으로 활발하게 이루어져 왔다. 조기 읽기 검사는 읽기능력을 예측하는 유의한 변인으로 밝혀진 음운인식(phonological awareness), 빠른 자동 이름대기(rapid automatized naming [RAN]), 음운기억(phonological short-term memory), 자모지식(letter knowledge) 등을 측정하도록 개발되었다(Schatschneider et al., 2004; Wagner, Torgesen, & Rashotte, 1994; Wolf & Bowers, 1999).

읽기능력에 대한 예측 연구들은 영어권을 중심으로 이루어져 온 것이 사실이지만, 지난 10여 년간 영어권 이외의 다양한 언어권에서도 이에 대한 연구가 활발하게 이루어지고 있다. 특히 낱자–소리 대응관계의 투명성에 따라 심층 표기 체계(deep orthography)와 표층 표기 체계(shallow orthography)의 언어로 구분하여, 두 언어권에서 실시한 읽기능력에 대한 예측 연구 간에 어떤 공통점과 차이점이 있는지에 주목하는 연구들이 발표되어왔다. 심층 표기 체계는 낱자–소리 대응관계의 투명성이 낮은 언어이며 영어, 히브리어 등이 이에 속한다(Seymour, Aro, & Erskine, 2003). 표층 표기 체계는 낱자–소리 대응관계의 투명성이 높은 언어이며 핀란드어, 알바니아어, 그리스어, 이탈리아어, 세르보크로아티아어, 한글 등이 이에 속한다. 심층 표기 체계와 표층 표기 체계 언어권에서 실시된 연구들 간의 공통점을 종합해 보면 음운인식, 자모지식, 빠른 자동 이름대기, 음운기억 등이 읽기능력을 예측하는 변인으로 밝혀졌다는 점이다. 반면 두 언어권 연구들에서 나타난 차이점은 이러한 변인들(음운인식, 자모지식, 빠른 자동 이름대기, 음운기억)의 읽기능력에 대한 상대적 예측력이 다르다는 점이다.

읽기능력을 예측하는 대표적인 변인으로 가장 많은 관심을 받아온 음운인식은 말소리를 변별, 합성, 분절, 분리, 탈락, 대치할 수 있는 능력을 말한다. 수많은 연구에서 음운인식은 읽기능력과 강한 상관을 가지며, 향후 읽기능력을 예측하는 강력한 변인으로 밝혀졌다(Bradley & Bryant, 1983; Calfee, Lindamood, Linamood, 1973; Juel, 1988; Liberman, Shankweiler, Fisher, & Carter, 1974; McBride-Chang & Kail, 2002; Schatschneider et al., 2004; Stanovich, Cunningham, & Cramer, 1984; Yopp, 1988). 또한 음운인식은 지능, 어휘지식, 기억 및 사회·경제적 지위 등을 통제한 후에도 여전히 읽기능력을 유의하게 예측하는 변인으로 나타났다(Bryant, MacLean, Bradley, & Crossland, 1990; Lonigan, Burgess, & Anthony, 2000; Wagner, Torgesen, & Rashotte, 1994; Wagner, Torgesen, Rashotte, & Hecht, 1997).

음운인식과 읽기능력 간의 관련성은 영어권뿐 아니라 표층 표기 체계 언어권에서도 비슷하게 보고되었다(그리스어 Cossu, Shankweiler, Liberman, Katz, & Tola, 1988; 독일어 Harris & Giannouli, 1999; 이탈리아어 Wimmer, Landerl, & Schneider, 1994). 그러나 음운인식이 다른 변인들과 함께 투입되었을 때, 음운인식이 갖는 읽기능력에 대한 상대적 예측력은 언어의 투명도에 따라 다르게 나타났다. 예를 들어 영어권에서 실시된 Wagner와 동료들의 연구(1997)에서는 유치원부터 초등학교 4학년까지 추적연구를 실시한 결과, 유치원과 초등학교 2학년까지의 음운인식 능력은 2년 후의 읽기능력을 유의하게 예측하는 것으로 나타났다. 특히 음운인식은 빠른 자동 이름대기와 음운기억 과제보다 읽기능력을 더 강력하게 예측하는 변인으로 나타났다. 이에 비해, 표층 표기 체계 언어권에서 실시된 de Jong과 van der Leij (1999)의 연구에서는 유치원부터 초등학교 2학년까지 추적연구를 실시한 결과, 유치원 시기에 측정한 음운인식은 초등학교 1학년의 읽기 능력을 유의하게 예측하지 못하고, 초등학교 1학년 때 측정한 음운인식 능력만이 읽기능력을 유의하게 예측하는 것으로 나타났다. 이에 비해 유치원과 초등학교 1학년 시기에 측정한 빠른 자동 이름대기는 모두 향후 읽기능력을 모두 유의하게 예측하는 것으로 나타났다. 또한 de jong과 van der Leij(2002)의 연구에서도 음운인식보다 빠른 자동 이름대기의 중요성을 지지해주는 결과가 보고되었다. 구체적으로 회귀분석 시 초등학교 1학년 때 측정한 음운인식을 빠른 자동 이름대기보다 먼저 투입하였을 때는 빠른 자동 이름대기와 음운인식 모두 초등학교 3학년의 읽기능력을 유의하게 예측하였다. 반면 빠른 자동 이름대기를 음운인식보다 먼저 투입하였을 때는 빠른 자동 이름대기만이 향후 읽기능력을 유의하게 예측하였고, 음운인식은 추가적으로 유의미한 설명을 하지 못하였다.

자모지식은 자모의 형태를 아는 것, 자모의 이름을 암송하는 것, 자모의 이름과 소리를 아는 것 등을 포함하는 능력이며, 유치원 아동들의 자모지식은 향후 읽기능력에 대한 예측도가 상당히 높은 것으로 나타났다(Adams, 1990; Blachman, 2000; Scarborough, 1998). 일찍이 Smith (1928)가 자모 관련 과제 수행 능력을 읽기능력에 대한 높은 예측력을 지닌 변인으로 언급하였으며, 그 후 수많은 학자들에 의해 자모 관련 과제 수행 능력이 읽기능력과 높은 상관이 있다는 것이 보고되었다. Smith(1928)는 같은 자모를 연결시키는 능력(matching the letters)과 읽기능력 간의 유의미한 상관을 보고하였으며, Satz, Taylor, Friel과 Fletcher(1978)는 자모이름을 암송하는 능력(reciting the letters of alphabets)과 읽기능력 간의 유의미한 상관을 보고하였다. Jansky와 de Hirsch(1972)는 자모이름을 대는 능력(letter naming)이 읽기능력을 예측하는 가장 강력한 변인이라고 보고하였다. 최근 실시된 연구에서도 자모이름 과제와 자모소리 과제 수행 능력이 음운인식, 빠른 자동 이름대기와 함께 향후 읽기능력을 유의하게 예측하는 변인으로 보고되었다(Schatschneider et al., 2004). 또한 Schatschneider과 동료(2004)들은 유치원 초기에는 자모이름 과제가, 유치원 후기에는 자모소리 과제가 읽기능력을 더 많이 설명한다는 결과를 보고하면서, 자모이름과 자모소리의 읽기능력에 대한 상대적 예측도가 아동의 발달 단계에 따라 차이가 난다고 언급하였다.

자모지식과 읽기능력 간의 관련성은 영어권뿐 아니라 표층 표기 체계 언어권에서도 비슷하게 보고되었다. 예를 들어 Leppänen, Aunola, Niemi와 Nurmi(2008)의 연구에서는 핀란드 유치원생을 대상으로 초등학교 4학년 때까지 추적연구를 실시한 결과, 자모지식(자모이름)이 초등학교 4학년 때의 읽기능력을 예측하는 가장 강력한 변인으로 나타났다. 이와 비슷하게 Aro, Tolvanen, Poikkeus와 Lyytinen(2005)의 연구에서도 초등학교 1학년 때 측정한 자모지식(자모이름)이 음운인식보다 향후 읽기능력을 예측하는 데 더 강력한 변인으로 나타났다(Leppanen et al., 2008 재인용). 여기서 주목할 만한 점은 표층 표기 체계 언어권에서 실시한 연구는 대부분 자모이름 과제를 사용한 반면, 영어권 연구에서는 자모이름뿐 아니라 자모소리 과제를 함께 사용하였다는 것이다(Schatschneider et al., 2004).

빠른 자동 이름대기는 시각적으로 제시된 자극의 이름을 빠르고 정확하게 말할 수 있는 능력을 의미하며, 일반적으로 무작위 순서로 제시된 숫자, 색깔, 물체, 글자를 보고 최대한 빨리 해당 자극의 이름을 대도록 하여 평가된다(Denkla & Rudel, 1976). 이러한 빠른 자동 이름대기는 읽기능력, 특히 단어인지 유창성 및 읽기유창성을 예측하는 유의미한 변인으로 언급되고 있다(Bowers & Swanson, 1991; Torgesen et al., 1997; Wolf & Bowers, 1999). 특히 빠른 자동 이름대기는 표층 표기 체계 언어권에서 더 중요한 역할을 하는 것으로 나타났다(핀란드어 de Jong & van der Leij, 1999, 2002; 이탈리아어 Di Filippo et al., 2005; 독일어 Wimmer, 1993). 이에 비해 영어권에서는 빠른 자동 이름대기는 향후 읽기능력을 유의하게 예측하기는 하지만, 음운인식과 자모지식 보다는 예측도가 다소 낮은 것으로 보고되었다(Clarke, Hulme, & Snowling, 2005; Compton, 2003; Compton, Fuchs, Fuchs, & Bryant, 2006; Neuhaus & Swank, 2002). 또한 표층 표기 체계 언어권에서는 빠른 자동 이름대기가 음운인식과는 별도로 읽기능력을 독립적으로 예측하는 변인이라는 연구 결과가 지지를 얻고 있다(Wimmer, 1993). 이에 비해 영어권에서는 빠른 자동 이름대기와 음운인식이 서로 독립적으로 읽기능력을 예측하는 변인이라는 설(Bowers, Golden, Kennedy, & Young, 1994;

Bowers, 1995)과 빠른 자동 이름대기는 연령이 증가할수록 읽기능력을 독립적으로 예측하지 못한다는 설(Torgesen et al., 1997; Wagner et al., 1997)이 여전히 맞서고 있는 상황이다.

읽기능력을 예측하는 또 다른 변인 중 하나가 음운기억(phonological memory)이다. 기억 연구의 초기에는 단순한 저장 용량을 측정하는 단기기억(short-term memory)의 개념이 주로 사용되었으나, Baddley와 Hitch(1974)가 작동기억(working memory) 모델을 소개한 후부터는 중앙집행(central executive), 음운회로(phonological loop), 시공간적 스케치패드(visuospatial sketchpad)로 구성된 작동기억의 개념이 주로 사용된다. 여기서 음운기억은 중앙집행과 음운회로와 관련이 있는데, 먼저 음운회로는 음운정보를 저장하는 단순 저장 능력을 의미한다. 이에 비해 중앙집행은 단순 저장뿐 아니라 정보의 처리를 포함한 능력을 의미한다. 일반적으로 음운회로의 기능을 측정하는 과제(이하 단기기억 과제)로는 숫자 바로 따라하기와 무의미 단어 따라 말하기 등이 활용되고 있으며, 중앙집행의 기능을 측정하는 과제(이하 작동기억 과제)로는 숫자 거꾸로 따라하기, 듣기폭 과제, 읽기폭 과제 등이 활용되고 있다(Swanson &Howell, 2001).

지금까지 발표된 음운기억과 읽기능력 간의 관련성에 관한 연구 결과를 종합해보면, 음운기억이 읽기능력을 독립적으로 예측하는 변인이라기보다는 읽기능력과 유의미한 상관을 갖는 변인으로 해석할 수 있다. 예를 들어 Wagner와 동료들(1994, 1997)들이 실시한 3년과 5년 장기종단연구 결과에 따르면, 음운기억 과제는 읽기능력과 유의미한 상관을 보이기는 하지만 읽기능력을 독립적으로 예측하지는 않는 것으로 나왔다. 특히, Wagner와 동료들(1993)의 연구에서는 음운기억과 음운인식이 하나의 요인으로 묶이는 것으로 보고하였다. 이와 비슷하게, 표층 표기 체계 언어권에서 실시된 연구에서도 음운기억은 읽기능력과 유의미한 상관을 보이기는 하지만, 읽기능력을 독립적으로 예측하지는 않는 것으로 보고되었다(de Jong & van der Leij, 1999).

이상에서 살펴본 바와 같이, 언어의 투명도와 상관없이 다양한 언어권에서 음운인식, 자모지식, 빠른 자동 이름대기, 음운기억 등이 읽기능력과 유의미한 관련성이 있는 것으로 보고되었다. 하지만 이러한 변인들의 읽기능력에 대한 상대적 예측력은 언어의 투명도에 따라 차이를 보이는 것을 알 수 있다. 한글은 낱자–소리 대응관계가 투명한 표층 표기 체계 언어에 속하기는 하지만, 음운변동 현상으로 인하여 자모의 음가가 단어 내에서의 위치에 따라 변하게 되는 경우가 상당수에 이른다. 때문에 핀란드어나 그리스어 등과는 또 다른 특성이 있다고 볼 수 있다. 따라서 한글의 읽기능력을 예측하는 변인과 영어권이나 다른 표층 표기 체계 언어권의 읽기능력을 예측하는 변인과의 공통점과 차이점을 알아보는 것이 필요할 것이다.

이와 관련한 국내 연구들을 살펴보면, 영어권 및 표층 표기 체계 언어권에서 발표한 결과와 비슷하게 음운인식, 자모이름, 빠른 자동 이름대기, 음운기억 등이 한글을 사용하는 취학 전 또는 초등학교 1학년 아동의 단어인지 능력을 예측하는 유의미한 변인으로 보고되었다(Kim, 2009; 김미경 · 서경희, 2003; 이임숙 · 조증열, 2003; 이혜숙 · 박현숙, 1999; 김애화 · 유현실 · 김의정, 2010b). 하지만 이러한 변인들(음운인식, 자모지식, 빠른 자동 이름대기, 음운기억)의 단어인지 능력에 대한 상대적 예측력은 연구마다 다소 차이를 보이는 것으로 나타났다. 예를 들어, Kim(2009)은 자모이름과 음운인식 모두 단어인지 능력을 예측하는 유의미한 변인이지만, 자모이름의 예측력이 음운인식보다 훨씬 크다고 보고하였다. 이에 비해 김애화 등(2010b)의 연구에서는 자모이름과 음운인식 모두 단어인지 능력을 예측하는 유의미한 변인이면서, 두 변인의 예측력은 상당히 비슷한 것으로 나타났다. 이러한 차이는 어떠한 변인들을 예측변인으로 포함시키느냐 그리고 각 변인을 측정하는 검사의 내용의 차이 등에 기인하는 것으로 해석해 볼 수 있을 것이다. 예를 들어 Kim(2009)의 연구에서는 음운인식과 자모이름만이 예측변인으로 투입된 반면, 김애화 등(2010)의 연구에서는 음운인식과 자모이름 이외에 자모소리, 빠른 자동 이름대기, 음운기억 등을 포함시켰다. 또한 Kim(2009)의 연구에서는 음운인식 검사로 변별과제(나머지와 다른 소리 찾기 과제, oddity task)를 사용하여 음절, 음절체-종성, 음소인식을 평가한 반면, 김애화 외(2010)는 변별과제뿐 아니라 분리, 합성, 분절, 탈락, 대치 등을 사용하여 음절, 초성-각운, 음절체-종성, 음소인식을 평가하였다.

이와 같이 국내에서도 1990년 중반 이후부터 현재까지 한글 단어인지 능력에 대한 예측변인을 밝히고자 하는 노력이 활발하게 이루어져 왔다. 하지만 연구기반 조기 읽기 검사의 부재로 인하여 연구마다 연구자가 개발한 검사를 사용하였고, 이로 인해 연구 결과의 해석에 어려움이 있는 실정이다. 따라서 한글 단어인지 능력을 예측하는 변인들은 무엇이며, 각 변인들을 측정하는 검사는 어떠한 내용을 포함하여야 하는지 등에 대한 연구를 통해 연구기반 조기 읽기 검사를 개발하는 것이 필요하다.

2. 연구 목적 및 연구 문제

본 연구의 궁극적인 목적은 신뢰도와 타당도를 갖춘 연구기반 조기 읽기 검사를 개발하는 데 있으며, 이를 위하여 다음의 두 가지 연구를 진행하였다.

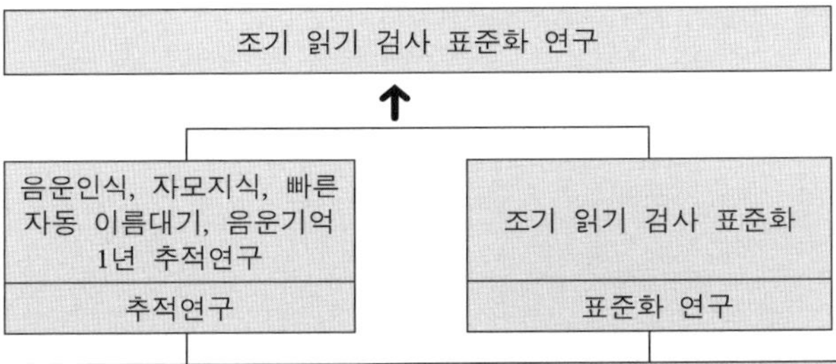

	추적연구	표준화 연구
1차 연구	**연구목적:** 음운인식, 자모지식, 빠른 자동 이름대기, 음운기억이 1년 후의 단어인지 능력에 대한 예측력을 알아보고자 하였다. **연구 대상:** 5, 6세 아동, 각 연령별로 58명, 61명, 총 119명* **자료분석:** 기술통계, 상관분석, 회귀분석	
2차 연구		**연구목적:** 조기 읽기 검사의 신뢰도와 타당도를 검증하고자 하였다. **연구 대상:** 만 4, 5, 6, 7세 아동, 각 연령별로 117, 123, 84, 81명씩, 총 405명 **자료분석:** 기술통계, 상관분석, 회귀분석, 요인분석

* 2008년도에 한국연구재단의 지원으로 검사를 실시한 아동을 대상으로 본 연구에서 1년 후 추적연구를 실시하였음.

〈그림 1-1〉 연차별 연구 요약

▶ 읽기능력 예측 추적연구: 조기 읽기 검사를 개발하기 위해 향후 읽기 능력에 대한 예측력이 높은 변인들을 밝히는 1년 추적연구를 실시하였다. 이는 2008년도에 김애화 등(2010b)이 실시한 연구의 후속 연구로, 2008년도 연구에서 검사를 실시한 아동을 대상으로 1년 추적 검사를 실시하였다.

▶ 표준화 연구: 추적연구를 통해 밝혀진 예측력이 높은 변인들을 중심으로 조기 읽기 검사를 구성한 후, 본 조기 읽기 검사의 신뢰도와 타당도를 검증하고자 하였다.

제2장

이론적 배경

1. 읽기과정의 개관
2. 읽기장애의 개관
3. 읽기능력에 대한 예측변인에 관한 연구

제2장 이론적 배경

1. 읽기과정의 개관

읽기는 글로부터 의미를 얻는 복잡한 과정으로 다양한 지식과 기술을 요구한다. 성공적인 읽기를 위해 요구되는 지식과 기술은 크게 다섯 가지로 나뉘는데, 음운인식, 단어인지, 읽기유창성, 어휘, 읽기이해가 이에 해당한다(National Reading Panel, 2000, 그림 2-1). 이 중 읽기이해는 읽기의 정수(the essence of reading)이며 읽기교수의 궁극적인 목적이다(National Reading Panel, 2000). 성공적인 읽기이해를 위해서는 (1) 단어 수준 이해, (2) 문장 수준 이해, (3) 글 수준 이해의 3단계 이해과정이 필요하다.

첫 번째 단계는 단어 수준의 이해(lexical comprehension)로 개별 단어(예: 시소)를 읽고 그 의미를 이해하는 것을 말한다. 성공적인 단어 수준의 이해를 위한 요소로는 음운인식, 낱자–소리 대응관계, 글자음독, 단어인지 등이 포함된다.

두 번째 단계는 문장 수준의 이해(syntactic comprehension)로 문장을 구성하고 있는 단어들을 빠르고 정확하게 읽을 뿐만 아니라 문장구조를 고려하여 적절히 끊어서 읽고, 문장이 의미하는 바를 이해하는 것을 말한다. 성공적인 문장 수준의 이해를 위한 요소로는 구/절 읽기 유창성, 문장 읽기유창성, 어휘력, 문장구조 이해 등이 포함된다.

세 번째 단계는 글 수준의 이해(text comprehension)로 여러 문장으로 구성된 단락 혹은 여러 단락으로 구성된 글을 읽고 이해하는 것을 의미한다. 성공적인 단락 및 글 수준 이해를 위한 요소로는 글 구조(text structure) 이해, 주제와 연관된 선행지식, 읽기이해 점검력 등이 포함된다.

이상의 세 단계의 읽기이해 수준은 앞서 언급한 성공적인 읽기를 위한 다섯 가지 요소와 밀접한 연관이 있는데, 〈그림 2-1〉에서 제시

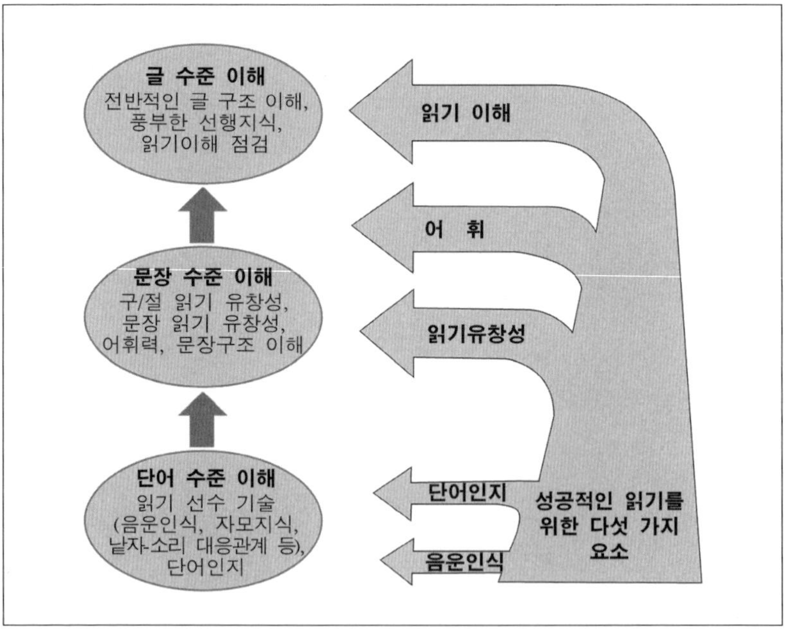

〈그림 2-1〉 읽기이해의 과정과 성공적인 읽기를 위한 다섯 가지 요소와의 관련성

한 것과 같이 단어 수준 이해는 음운인식, 단어인지와 관련이 있고, 문장 수준 이해는 읽기유창성, 어휘와 관련이 있으며, 글 수준 이해는 어휘와 읽기이해와 관련이 있다.

1) 음운인식(Phonological awareness)

음운인식은 말소리를 식별하는 능력으로, 말소리를 합성, 분절, 조작(첨가, 탈락, 대치)할 수 있는 능력을 말한다. 즉 아동들이 단어를 듣고 같은 소리로 시작되는지 혹은 다른 소리로 시작되는지를 아는 능력, 단어를 구성하는 소리가 몇 개인지를 아는 능력, 단어를 구성하는 소리들을 합성 혹은 분절할 수 있는 능력 등이 포함된다. 음운인식은 다양한 하위영역으로 구성된 개념이며, 이러한 하위영역들은 연령에 따른 발달적 양상을 보인다. 음운인식의 발달수준을 어떻게 구분하느냐는 학자들마다 차이를 보이는데, 대표적인 견해의 차이는 음운인식 단위(phonological units)에 따른 구분과 음운인식 과제유형(dimensions of phonological awareness)에 따른 구분이다(〈표 2-1〉 참조).

첫째, 음운인식 단위란 음운인식 수준을 의미하며 구체적으로 문장 내 단어인식, 음절인식, 초성-각운인식(혹은 음절체-종성인식), 음소인식이 이에 속한다. 따라서 음운인식 단위에 따른 발달수준의 구분을 주장하는 학자들은 과제유형보다는 어떤 음운인식 수준이냐가 더 중요하다고 주장한다(예: Adams, 1990; Chard & Dickson, 1999). 둘째, 음운인식 과제유형에는 변별, 합성, 분리, 수 세기, 분절, 탈락, 대치 등이 속한다. 음운인식 과제유형에 따른 발달수준의 구분을 주장하는 학자들은 일반적으로 음소수준 과제에 초점을 맞추는 경향이 있다. 예를 들어 Yopp(1988)은 음소수준 과제를 크게 두 가지 요인으로 구

〈표 2-1〉 음운인식 발달수준 구분

Adams(1990)	Chard & Dickson(1999)	Yopp(1988)
• Knowledge of nursery rhymes: 각운을 맞춘 단순한 동요나 동시에서 각운이나 패턴 인식 • Oddity task: 초성(alliteration)이나 각운(rhyme)이 같거나 다른 것 변별 • Blending & syllable-Splitting: 음절합성 및 분절 • Phonemic segmentation: 음소분절 • Phoneme manipulation: 음소조작(첨가, 탈락, 대치 포함)	• Sentence segmenting: 문장 내 단어변별 • Rhyme & alliteration: 초성(alliteration)이나 각운(rhyme)이 같거나 다른 것 변별 • Syllable blending & segmenting: 음절합성 및 변별 • Onset-rime blending & segmenting: 초성－각운 합성 및 분절 • Phonemic blending & segmenting: 음소합성 및 분절	요소 1(쉬운 과제): • 음소합성(phoneme blending) • 음소분리(sound isolation) • 수 세기(counting) • 음소분절(phonemic segmentation) 요소 2(어려운 과제): • 음소탈락(deletion) • 음소대치(substitution)

출처: 김애화(2007). "국내 음운인식 검사 개발을 위한 선행 검사 분석". 『특수교육 이론과 실천』, 8(2), 139-167.

분하였는데, 제1요인에는 음소합성, 분리, 수 세기, 분절, 제2요인에는 음소탈락과 대치가 속한다고 보고하였다. Yopp(1988)이 제안한 제1요인과 2요인은 난이도의 차이를 나타내는데 1요인이 2요인보다 쉬운 과제임을 의미한다.

위에서 언급한 음운인식의 정의 및 발달수준에 관한 연구는 영어를 사용하는 아동들을 대상으로 밝혀진 결과들이다. 한글은 영어에 비해 낱자－소리 대응관계가 상당히 투명한 언어이기 때문에 읽기 발달이 영어권에 비해 빠른 편이다(윤혜경, 1997). 문자 체계는 낱자(grapheme)와 그에 대응하는 소리(phoneme)를 기본으로 하며, 언어에 따라 낱자와 소리의 대응관계가 얼마나 투명한가, 일관성이 있는가 혹은 규칙성이 있는가에 차이가 있다. 이러한 차이에 따라 표층 표기 체계 언어(shallow orthography, 낱자－소리 대응관계의 투명성이 높은 언어) 혹은 심층 표기 체계 언어(낱자－소리 대응관계의 투명성이 낮은 언어)로 나누어진다. 낱자–소리 대응관계가 투명한 언어로는 한글 이외에 핀란드어, 그리스어, 독일어, 이탈리아어, 네덜란드어 등을 들 수 있고, 반면 영어는 대표적으로 낱자–소리 대응관계의 투명성이 낮은 언어이다(Seymour, Aro, & Erskine, 2003).

음운인식의 발달적 특성(음절인식, 초성–각운 인식, 음소인식의 순서로 발달), 음운인식과 읽기능력 간의 관련성은 영어권뿐 아니라 낱자–소리 대응관계가 투명한 언어에서도 비슷하게 보고되었다(Cossu, Shankweiler, Liberman, Katz, & Tola, 1988; 그리스어, Harris & Giannouli, 1999; 독일어, Wimmer, Landerl, & Schneider, 1994; 이탈리아어). 낱자–소리 대응관계가 투명한 언어권과 영어권에서 발표된 음운인식과 읽기능력 간의 관련성 결과를 자세히 비교해 보면, 특히 음소수준 과제가 읽기능력에 대한 예측도가 상당히 높다는 공통점이 있다(Wimmer, Landerl, Linortner, & Hummer, 1991). 반면, 두 언어권 연구 결과의 차이점으로는 영어에 비해 낱자–소리 대응관계가 투명한 언어의 경우, (1) 각 음운변별 과제의 읽기능력에 대한 예측도가 상대적으로 떨어지며(Bryant, Maclean, & Bradley, 1990), (2) 음절수준 과제의 읽기능력에 대한 예측도가 상대적으로 높으며(Aidinis & Nunes, 2001), (3) 음운인식뿐 아니라 빠른 자동 이름대기와 음운기억의 읽기능력에 대한 예측도가 높다는 점이다(Landerl & Wimmer, 2000; Lepola, Poskiparta, Laakkonen, & Niemi, 2005; Yap & van der Leij, 1993).

한글은 낱자–소리 대응관계가 투명한 언어이고, 자모를 일렬로 배열하지 않고 음절단위(syllable unit)로 모아쓰는 형식을 취한다. 일반적으로 한글을 가르칠 때는 음절단위로 가르치는데, 기본 음절표의 활용이 그 예에 해당된다. 즉 기본 음절표는 자음과 모음이 합쳐진 CV 글자로 구성되어 있으며, 아동들은 기본 음절표를 보고 글자를 읽는 것을 배우게 된다. 이러한 한글의 특성 때문에 음소인식뿐 아니라 음절인식이 읽기능력을 예측하는 중요한 변인으로 보고되고 있다(Cho & McBride-Chang, 2005). 하지만 구체적으로 어떤 음소인식 및 음절인식 과제유형이 읽기능력에 대한 예측도가 높고, 반대로 어떤 음소인식 및 음절인식 과제유형이 읽기능력에 대한 예측도가 낮은가에 관한 체계적인 연구 결과는 부족한 상황이다.

이와 관련하여 최근 발표된 국내 연구를 살펴보면, 음운인식 단위(음절, 초성-각운, 음절체-종성, 음소)뿐 아니라 음운인식 과제유형(변별, 분리, 합성, 분절, 탈락, 대치)도 음운인식 발달수준에 관여하는 것으로 나타났다(김애화, 유현실, 김의정, 2010c). 김애화 외(2010)는 음운인식 단위(음절인식, 초성-각운인식, 음절체-종성인식, 음소인식)와 과제유형(변별, 분리, 합성, 분절, 탈락, 대치 과제)을 고려하여 구성한 18개 음운인식 하위검사를 제작하여 5세, 6세, 7세, 초등학교 1학년 아동(각각 91명, 89명, 99명, 92명, 총 371명)에게 실시한 후, 연령에 따른 검사 점수의 차이와 요인 분석 결과를 살펴보았다. 연구 결과에 따르면, 아동의 음운인식 능력은 연령에 따라 발달하는 양상을 보이고, 음운인식 단위와 과제유형이 함께 연령에 따른 음운인식 구조에 영향을 주는 것으로 나타났다. 구체적으로 〈표 2-2〉는 김애화 외(2010) 연구에서 보고한 음운인식 구조에 대한 요인 분석 결과이다.

연구 결과를 구체적으로 살펴보면, 다음과 같다. 5세 아동의 경우에는 고유치가 1 이상인 요인이 3개 추출되었으며, 이들 요인에 의해 전체변량의 60.7%가 설명되었다. 요인 1에는 음절분리, 음절탈락, 음절대치의 요인부하량이 높게 나타났으며, 요인 2에는 음절합성과 음절분절이, 요인 3에는 음절변별, 초성-각운변별, 음절체-종성변별의 요인부하량이 높게 나타났다.

〈표 2-2〉 음운인식 구조에 대한 탐색적 요인 분석 결과

하위검사		5세			6세						7세					초등 1학년				
		F1	F2	F3	F1	F2	F3	F4	F5	F6	F1	F2	F3	F4	F5	F1	F2	F3	F4	F5
음절	변별	.25	.56	.62	.04	.21	.08	-.06	-.04	.62	.07	.68	-.11	-.04	.21	-	-	-	-	-
	분리	.92	.12	.23	.17	.75	.38	-.20	.23	.36	.20	.82	.37	.12	-.05	.22	.83	.02	-.09	.10
	합성	.30	.78	.18	.07	.12	.81	.00	.03	.17	.12	.32	.39	.06	.78	.05	.09	-.11	.75	-.05
	분절	.12	.75	.09	.05	.10	.85	-.10	.06	-.02	.14	.19	.80	.07	.02	.09	.08	.86	-.06	.16
	탈락	.92	.26	.20	.10	.88	.18	-.13	.12	.33	.26	.86	.34	.22	-.01	.28	.29	.26	.17	.76
	대치	.88	.27	.20	.16	.84	-.11	.10	.26	-.00	.47	.58	.42	.30	-.02	.36	.63	-.30	.35	.39
초성-각운	변별	.23	.37	.43	.13	.30	-.19	.33	.42	.50	.34	.19	.79	.13	.05	.44	.69	.39	.34	.17
	합성	-	-	-	.92	.19	.07	-.02	.25	.04	.81	.17	.11	.40	.17	.81	.40	.06	.11	.40
	분절	-	-	-	.90	.14	.07	.04	.16	.08	.70	.06	.14	.62	-.02	.79	.28	.10	.14	.15
음절체-종성	변별	.14	-.04	.87	.07	.09	.07	.03	.18	.81	.09	.47	.61	.04	-.58	.16	-.03	.11	.63	.40
	합성	-	-	-	.76	.09	.02	-.05	.20	.11	.66	.27	.16	.46	.07	.74	.42	.01	.16	.48
	분절	-	-	-	.13	.09	.07	-.88	.15	.01	.30	.21	.16	.87	.03	.74	.11	.10	.12	.03
음소	변별	.31	.20	.31	.27	.14	.14	-.00	.74	.24	.51	.43	.25	.07	-.01	.41	.53	.41	.45	-.20
	분리	-	-	-	.13	.28	-.01	-.11	.82	-.00	.81	.20	.28	-.04	-.03	.68	.22	.26	.29	-.21
	합성	-	-	-	.89	.17	.05	-.36	.36	.05	.85	.15	.19	.24	.02	.83	.31	.08	.05	.13
	분절	-	-	-	.52	.25	-.17	-.13	.46	.12	.77	.03	.24	.52	-.05	.91	.28	.16	.18	.02
	탈락	-	-	-	.69	.25	.12	-.54	.05	.19	.80	.22	.22	.20	-.01	.79	.34	.14	.24	.07
	대치	-	-	-	.73	.07	-.02	-.54	-.08	.14	.66	.12	.11	.57	-.07	.77	.35	.03	.10	.23
고유치a		2.79	1.81	1.59	4.52	2.54	1.69	1.72	2.08	1.71	5.50	3.06	2.62	2.39	1.04	6.20	2.83	1.39	1.69	1.53
설명량		60.72%			70.54%						67.07%					67.46%				

출처: 김애화, 유현실, 김의정(2010). "취학전 및 초등학교 1학년 아동의 음운인식 구조 탐색 연구". 『초등교육연구』, 23(3), 173-192.

6세의 경우 고유치가 1 이상인 요인은 모두 6개 추출되었으며, 이들 요인에 의해 전체 변량의 70.5%가 설명되었다. 각 요인별 요인부하량을 살펴보면, 요인 1에서는 초성-각운합성, 초성-각운분절, 음절체-종성합성, 음소합성, 음소분절, 음소탈락, 음소대치의 요인부하량이 높게 나타났다. 요인 2에서는 음절분리, 음절탈락, 음절대치의

요인부하량이 높게 나타났으며, 요인 3에서는 음절합성과 음절분절이, 요인 4에서는 음절체–종성분절이, 요인 5에서는 음소변별과 음소분리가, 요인 6에서는 음절변별, 초성–각운변별, 음절체–종성변별의 요인부하량이 높게 나타났다.

7세의 경우에는 고유치가 1 이상인 요인이 모두 5개 추출되었으며, 이들 요인에 의해 전체 변량의 67.1%가 설명되었다. 각 요인별 요인부하량을 살펴보면, 요인 1에서는 초성–각운합성, 초성–각운분절, 음절체–종성합성, 음소변별, 음소분리, 음소합성, 음소분절, 음소탈락, 음소대치의 요인부하량이 높게 나타났다. 요인 2에서는 음절변별, 음절분리, 음절탈락, 음절대치의 요인부하량이, 요인 3에서는 음절분절, 초성–각운변별, 음절체–종성변별이, 요인 4에서는 음절체–종성분절이 단독으로, 요인 5에서는 음절합성이 단독으로 요인부하량이 높게 나타났다.

초등학교 1학년 아동의 경우에는 고유치가 1 이상인 요인이 모두 5개 추출되었으며, 이들 요인에 의해 전체 변량의 67.5%가 설명되었다. 각 요인별 요인부하량을 살펴보면, 요인 1에서는 초성–각운합성, 초성–각운분절, 음절체–종성합성, 음절체–종성분절, 음소분리, 음소합성, 음소분절, 음소탈락, 음소대치의 요인부하량이 높게 나타났다. 요인 2에서는 음절분리, 음절대치, 초성–각운변별이, 요인 3에서는 음절분절이 단독으로, 요인 4에서는 음절체–종성변별과 음절합성이, 요인 5에서는 음절탈락이 단독으로 요인부하량이 높게 나타났다.

이상의 연령별 결과를 정리하면 〈표 2-3〉과 같다. 〈표 2-3〉에서 볼 수 있듯이, 5세 아동의 음운인식 구조는 6세, 7세, 초등학교 1학년 아동의 음운인식 구조와 상당히 차이를 보이는 반면, 6세, 7세, 초등학교 1학년 아동의 음운인식 구조는 서로 차이를 보이기는 했지만

〈표 2-3〉 연령별 음운인식 요인구조

	5세	6세	7세	초등 1학년
요인 1	음절변별, 음절체-종성변별, 초성-각운변별	음절변별, 음절체-종성변별, 초성-각운변별	초성-각운변별, 음절체-종성변별, 음절분절	음절분절
요인 2	음절합성, 음절분절	음절합성, 음절분절	음절합성	음절탈락
요인 3	음절분리, 음절탈락, 음절대치	음절분리, 음절탈락, 음절대치	음절변별, 음절분리, 음절탈락, 음절대치	음절분리, 음절대치, 초성-각운변별
요인 4	(바닥효과)	초성-각운합성, 음절체-종성합성, 음소합성, 초성-각운분절, 음소분절, 음소탈락, 음소대치	초성-각운합성, 음절체-종성합성, 음소합성, 초성-각운분절, 음소분절, 음소분리, 음소탈락, 음소대치, 음소변별	초성-각운합성, 음절체-종성합성, 음소합성, 초성-각운분절, 음절체-종성분절, 음소분절, 음소분리, 음소탈락, 음소대치
요인 5	(바닥효과)	음절체-종성분절	음절체-종성분절	음절체-종성변별, 음절합성
요인 6	(바닥효과)	음소변별, 음소분리		

공통점이 큰 것으로 나타났다. 우선 5세와 6세, 7세, 초등학교 1학년 아동과의 가장 큰 차이점은 5세 아동에게는 음절 과제와 초성, 음절체–종성, 음소변별 과제만이 측정 가능하다는 점이다. 여기서 주목할 점은 음절인식은 세 가지 요인으로 나뉘는데 1) 음절변별, 2) 음절합성과 분절, 3) 음절분리, 탈락, 대치가 이에 해당한다. 이와 같은 음절인식의 하위 구조는 나머지 연령에서도 비슷하게 나타났다.

5세에는 바닥효과를 보이던 하위검사들(초성–각운합성, 음절체–종성합성, 음소합성, 초성–각운분절, 음절체–종성분절, 음소분절, 음소분리, 음소탈락, 음소대치)이 6세 이후부터는 하위 요인으로 분리되는 경향을 보였고, 분리된 하위 요인들은 6세, 7세, 초등학교 1학년 사이에 상당한 공통점을 보여주었다. 6세, 7세, 초등학교 1학년의 가장 큰 공통점으로는 음운인식 단위와 상관없이 합성(초성–각운합성, 음절체–종성합성,

음소합성), 분절(초성–각운분절, 음소분절), 분리, 탈락, 대치 과제가 하나의 요인으로 묶이고, 이러한 패턴은 연령이 증가함에 따라 더욱 뚜렷해지는 것을 알 수 있다.

이상에서 살펴본 바와 같이, 한글의 음운인식 구조는 별개의 하위요인으로 구성된 구조이며, 음운인식 단위와 과제유형이 함께 음운인식 구조에 영향을 주는 것으로 나타났는데 이에 대한 근거는 다음과 같다. 첫째, 음절인식은 그 밖의 음운인식 단위(초성–각운인식, 음절체–종성인식, 음소인식)의 인식과는 구분되는 요인으로 나타났다. 하지만 음절인식 자체도 하나의 요인이 아니라, 과제유형에 따라 추가로 분리(예: 모든 연령에서 음절분리와 대치가 하나의 요인, 5세와 6세에서 음절합성과 분절이 하나의 요인)되는 것으로 나타났다. 둘째, 초성–각운, 음절체–종성, 음소인식은 명확하게 구분되지 않으며, 이러한 음운인식 단위에서는 과제유형에 따라 요인이 구분되는 것으로 나타났다. 특히, 초성–각운, 음절체–종성, 음소인식 단위에서 변별과제를 제외한 나머지 과제(합성, 분절, 분리, 탈락, 대치)들은 연령이 증가함에 따라 점차적으로 하나의 요인으로 묶이는 것으로 나타났다. 이는 음절인식, 초성–각운인식, 음소인식으로의 발달 과정을 거치는 영어권과 달리(Chard & Dickson, 1999), 국내에서는 음절인식에서 음소인식 발달 사이에 초성–각운 또는 음절체–종성인식 단계를 거치는지 여부가 명확하지 않음을 시사한다고 할 수 있다. 한글은 음소단위로 풀어쓰기를 하는 영어 및 유럽권의 언어와 달리 음절단위로 모아쓰기를 하기 때문에, 음절단위를 초성–각운 또는 음절체–종성으로 나누어 인식하는 단계가 다른 언어권에 비해 상대적으로 덜 명확하게 나타나는 것이 아닐까 해석해볼 수 있다. 셋째, 변별과제는 나머지 과제(합성, 분절, 분리, 탈락, 대치)와 구분되는 과제인 것으로 나타났으며, 특히 5,

6세 아동에게 이러한 특성이 뚜렷이 나타났다. 이는 5, 6세 아동에게 변별과제를 제외한 다른 과제가 상당히 어려워서 나타난 것으로 해석해 볼 수 있을 것이다.

이와 같은 결과는 음운인식이 별개의 요인으로 구성된 구조라는 점에서 외국에서 발표된 선행문헌의 결과들과 비슷하다. 예를 들어, Hoien과 동료들(1995)은 음절인식, 각운인식, 음소인식이 별개의 요인이라고 보고하였고, Muter와 동료들(1997)은 각운인식과 음소인식이 별개의 요인이라고 보고하였다. 또한 음운인식과 읽기 간 상관을 살펴본 Aidinis와 Nunes(2001)의 연구에 따르면, 음절인식과 음소인식은 독립적으로 읽기 및 철자 능력을 설명한다고 하였다. 이들 연구들을 종합해 보면, 음운인식은 별개의 음운인식 기술로 구성된 개념이며, 여기서 별개의 구조란 음운인식 단위에 따른 구분(음절인식, 각운인식, 음소인식)을 의미한다. 하지만 본 연구에서는 단순히 음운인식 단위에 따른 요인 구조가 아니라, 음운인식 단위뿐 아니라 음운인식 과제유형도 음운인식의 요인 구조에 영향을 주는 것으로 나타났다는 점에서 선행 연구들과 차별성을 지닌다고 할 수 있다.

2) 단어인지(Word recognition)

단어인지는 단어의 발음을 파악하여 읽고, 그 단어의 의미를 파악하는 것을 의미한다(Harris & Hodges, 1995). 단어를 인지하는 방법에는 여러 가지가 있다(Ehri, 2005). 일반적으로 처음 보는 단어나 친숙하지 않은 단어는 음독(decoding)을 통해 읽는다. 어떤 단어는 이미 알고 있는 단어의 부분(word parts)이나 단어와의 유추(analogy) 관계를 통해 읽을 수 있다. 또 어떤 단어는 보자마자 즉각적으로 읽을 수 있다.

이와 같은 다양한 단어인지 방법의 기본은 낱자–소리 대응관계를 활용한 글자의 음독(decoding)에 있다. 일반적으로 단어인지와 비슷한 의미로 음독이라는 용어가 쓰이는데, 음독은 단어인지보다 더 좁은 의미를 지닌다. 음독은 단어의 발음을 파악하여 읽는 과정까지를 의미한다. 글자음독의 초기 단계에서는 글자를 구성하는 낱자를 보고 낱자를 소리로 바꾸고 소리를 합쳐서 글자를 읽다가(예: 'chest'를 /tʃ/ /e/ /s/ /t/로 음독), 점차 낱자군의 조합을 소리로 바꾸고 소리를 합쳐서 글자를 읽는 과정을 거치다가(예: 'chest'를 /tʃ/ /est/로 음독), 이러한 과정이 자동화 되면 글자를 보고 즉각적으로 글자를 소리 내어 읽게 된다(예: 'chest'를 /tʃest/로 음독; Ehri, 2005).

이러한 음독 발달 과정은 Ehri(1995, 2005)가 제안한 단어인지 발달 이론으로 보다 자세히 설명될 수 있다. Ehri(1995)는 단어인지는 크게 다섯 단계에 거쳐 발달한다고 언급하였다: 1) 알파벳 전 단계(pre-alphabetic stage), 2) 음운적 단서 읽기 단계(phonetic cue reading 또는 partial alphabetic phase), 3) 알파벳 단계(full alphabetic stage), 4) 안정적 알파벳 단계(consolidated alphabetic phase), 5) 자동적 알파벳 단계(automatic alphabetic). 여기서의 단계는 서로 명확하게 구분되기보다는 연속적으로 발달하는 경우가 많고, 따라서 한 단계와 다음 단계는 겹쳐서 나타나는 특성을 보이거나 순서대로 하나씩 밟아가는 것이 아닐 수도 있다.

첫째, 알파벳 전 단계에서 아동은 글자의 시각적인 단서를 사용하여 단어를 인지한다. 둘째, 음운적 단서 읽기 단계에서 아동은 단어를 구성하는 말소리의 일부(예: 첫소리 또는 끝소리)를 사용하여 단어를 인지한다. 이 단계에서 아이들은 해당 단어를 같은 소리로 시작하는 단어로 대치하여 읽는 오류(예: bear 대신 bird; ㅂ으로 시작되는 단어를 모두 비누라고 읽음)를 보일 수 있다. 셋째, 알파벳 단계에서 아동은 단어를 구성하는 모든 낱자와 소리를 사용하여 단어를 읽게 된다(예: 'cat'을 읽을 때 각 낱자의 발음인 /k/ /æ/ /t/를 합쳐서 /kæt/으로 읽음; '가'를 읽을 때 각 낱자의 발음은 /ㄱ/ /ㅏ/를 합쳐서 /가/라고 읽음). 넷째, 안정적 알파벳 단계에서 아동은 단어를 구성하는 모든 낱자와 소리를 하나씩 대응시켜 글을 읽는 것이 아니라, 단어를 낱자군으로 인지함으로써 보다 효율적으로 읽을 수 있게 된다(예: 'chest'를 'ch, e, s, t'로 음독하는 것이 아니라, 'ch, est'로 나누어 읽음; '산'을 읽을 때 'ㅅ, ㅏ, ㄴ'으로 읽는 것이 아니라 '사, ㄴ'으로 나누어 읽음). 이 단계의 아동들은 단어를 구성하는 형태소 인지(예: -ed, -ing, -er)가 가능해지면서 형태소 단위로 단어를 인지하기도 한다. 또한 이 단계의 아동들은 자주 접하게 되는 단어들을 즉각적으로 읽을 수 있게 되며(sizable sight vocabulary) 단어인지 속도가 빨라진다. 다섯째, 자동적 알파벳 단계(automatic alphabetic)에서 대부분의 아동은 단어들을 자동적으로 읽을 수 있게 된다(Ehri, 2005; Ehri & McCormick, 1998).

한편, 유추(analogy)를 통한 단어인지에 대한 연구는 활발하게 이루어져 왔으며, 그중 1음절 단어를 읽는 과정에 대한 연구가 대다수를 차지한다. 1음절 영어 단어는 초성(onset)과 각운(rime)으로 분석할 수 있으며(Treiman, 1985), 아동들은 자신이 알고 있는 단어의 각운 단서를 활용하여 새로운 단어를 읽는다고 보고 하였다(Goswami, 1998; Greany, Tunmer, & Chapman, 1997; Levy & Lysynchuk, 1997; Santa & Hoien, 1999). 반면 Nation과 Hulme(1997)은 음소분절은 단어인지 능력을 유의하게 예측하지만, 초성-각운분절은 단어인지 능력을 유의하게 예측하지 않는다고 보고하였다. 또한 Ehri와 Robbins(1992)는 자신이 알고 있는 단어의 각운을 활용해 새로운 단어를 읽기 위해서는 낱자–소리 대응관계에 대한 이해가 선행되어야 한다고 하였다. 그 밖에 여러 연구들에서도 유추를 통한 단어인지를 위해서는 낱자–소리 대응관계가 기본이 되어야 함을 보고하였다(예: Seymour, Duncan, & Bolik, 1999). 즉, 유추를 통한 단어인지가 가능하지만, 이를 위해서는 낱자–소리 대응관계에 대한 이해가 선행되어야만 하며, 이는 낱자–소리 대응관계의 이해가 단어인지에 중요한 역할을 함을 의미한다고 할 수 있다.

최근 단어인지에 관한 연구들은 해당 언어의 표기 체계와의 관련성에 주목하고 있다. 낱자–소리 대응관계의 투명성에 따라 심층 표기 체계(deep orthography; 예: 영어)와 낱자–소리 대응관계가 규칙적인 표층 표기 체계(shallow orthography; 예: 핀란드어, 그리스어, 독일어, 이탈리아어, 네덜란드어)로 나뉜다. 심층 표기 체계 언어는 낱자–소리 대응관계가 불규칙한 반면, 표층 표기 체계 언어는 낱자–소리 대응관계가 상당히 규칙적이다. 한글은 낱자–소리 대응관계가 투명한 언어로 평가되지만, 세르보크로아티아어나 알바니아어만큼 투명한 언어는 아니다.

Goswami, Gombert와 De Barrera(1998)와 Ellis와 Hooper(2001)는 언어에 따라 단어인지 숙달 속도와 단어인지 과정에 사용하는 전략의 차이를 보고하였는데, 구체적인 결과는 다음과 같다. 첫째, 영어를 사용하는 학생들보다 표층 표기 체계인 언어를 사용하는 학생들은 단어인지 정확도뿐 아니라 단어인지 유창성 및 단어인지 숙달 정도가 상당히 빠른 것으로 나타났다(알바니아어, Hoxhallari, van Daal, & Ellis, 2004; 웨일즈어, Spencer & Henley, 2003; 이탈리아어, Thorstad, 1991; 독일어, Wimmer & Goswami, 1994).

둘째, 영어를 사용하는 학생들과 표층 표기 체계의 언어를 사용하는 학생들의 단어인지 오류 유형에서도 차이가 나타났다. 영어를 사용하는 학생들은 다른 의미 단어로 대치(real word substitutions)하는 오류를 많이 보이는 반면, 표층 표기 체계의 언어를 사용하는 학생들은 잘못된 낱자―소리 대응관계의 적용으로 인한 무의미 단어로 잘못 읽는 형태의 오류(nonword substitution)를 많이 보였다(Ellis & Hooper, 2001; Hoxhallari et al., 2004). 이와 같은 단어인지 오류 유형의 차이는 학생들이 단어인지에 사용하는 전략의 사용에 있어서의 차이점으로 볼 수 있다. 일반적으로 단어인지에 사용하는 전략은 크게 두 가지로 나뉘는데, 하나는 낱자―소리 대응관계의 규칙성을 이용하여 단어를 발음하는 음운경로이고, 나머지 하나는 어휘집(mental lexicon)으로부터 전체 단어의 발음을 직접 인출하는 어휘경로이다. 표기 체계 심도 가설(Orthographic Depth Hypothesis, Frost, 1994; Katz & Feldman, 1983)에 따르면, 이 두 가지 전략 중 어떤 것이 더 많이 사용되느냐는 표기 체계의 투명성과 관련이 있다고 한다. 즉, 낱자―소리 대응관계가 투명한 언어의 경우에는 낱자―소리 대응관계가 규칙적이기 때문에 이를 통한 정확한 음독이 가능하고, 따라서 음운경로가 활성화된다. 이에 비해 낱자―소리 대응관계의 투명성이 낮은 언어의 경우에는 낱자―소리 대응관계를 통한 정확한 음독이 가능하지 않기 때문에 어휘경로가 활성화된다는 것이다. 일반적으로 음운경로 전략 사용이 제대로 적용되지 않았을 경우에는 음소 수준의 오류를 보이기 때문에 무의미 단어로 잘못 읽는 오류가 발생한다. 반면 어휘경로 전략이 제대로 적용되지 않았을 경우에는 부분적인 글자 형태나 발음단서를 활용하여 다른 의미 단어로 대치하여 읽는 오류가 발생하게 된다. 따라서 낱자―소리 대응관계가 투명한 언어권 학생들이 무의미 단어로 잘못 읽는 형태의 오류를 보이는 것은 이들이 낱자—소리 대응관계의 규칙성을 활용한 음운경로 전략을 더 많이 사용하고 있음을 나타낸다고 할 수 있다. 이에 비해 낱자—소리 대응관계의 투명성이 낮은 언어를 사용하는 학생들이 다른 의미 단어로 대치하는 오류를 보이는 것은 이들이 어휘집으로부터 전체 단어의 발음을 직접 인출하는 어휘경로 전략을 더 많이 사용하고 있음을 시사한다고 할 수 있다.

표기 체계의 차이에 따른 단어인지 과정 및 단어인지 오류 유형에 관한 연구들은 표층 표기 체계의 언어들과 영어를 비교하는 연구를 중심으로 발표되었다. 한글은 낱자—소리 대응관계가 투명한 언어로 평가되지만, 세르보크로아티아어나 알바니아어만큼 투명한 언어는 아니다. 한글의 경우, 음운변동이 일어나는 단어가 상당수인데 이로 인하여 자모의 음가가 단어 내에서의 위치에 따라서 변하게 된다(예: '국물'이 /궁물/로 발음; '국어'가 /구거/로 발음). 지난 10여 년간 한글 단어인지 과정을 연구한 논문이 여러 편 발표되었다. 그러나 아직까지 한글 단어인지 과정에 대한 명확한 결론을 도출하기는 어려운 상황이다. 한글 단어인지 과정에서 단어의 시각적 표상의 중요성과 어휘경로가 사용되고 있음을 시사하는 연구(박권생, 1993, 2002), 단어인지 과정에서 음운경로가 사용되고 있음을 시사하는 연구(이광오, 1996; 코마츠 요시타카, 김정오, 2004, 2005), 단어의 빈도에 따라 사용되는 경로의 차이를 언급한 연구(조증열, 2001) 등 다양한 연구 결과가 발표되었다. 그러나 연구자들은 이러한 상이한 연구 결과의 조심스러운 해석을 강조하며, 한글 단어인지 과정에서 어떠한 경로가 우세하게 사용되는가에 대한 확언적 주장은 아직 보류해야 함을 언급하였다.

최근 김애화, 임화경, 박성희(2009)는 초등학생을 대상으로 한글 단어인지 특성을 알아보고자 하였다. 이를 위해 음운변동, 단어 빈도,

단어–무의미 단어 요인을 고려한 6개 단어인지 하위검사(고빈도 규칙 의미 단어, 고빈도 음운변동 의미 단어, 저빈도 규칙 의미 단어, 저빈도 음운변동 의미 단어, 무의미 규칙 단어, 무의미 음운변동 단어 검사)를 구성하여 초등학교 1, 3, 5학년 총 69명의 학생을 대상으로 평가를 실시한 후, 학년에 따른 단어인지 정확도 및 유창성 발달 패턴과 단어인지 과정에서 산출된 오류를 살펴보고자 하였다.

연구 결과에 따르면 6개 단어 검사 모두에서 학년에 따른 유의미한 차이가 나타났으며, 이러한 차이는 고빈도 의미 단어에서보다 저빈도 의미 단어 및 무의미 단어 검사에서 더 크게 나타났다. 여기서 주목할 만한 점은 고빈도 의미 단어와 저빈도 의미 단어 및 무의미 단어와의 차이이다. 저빈도 의미 단어 및 무의미 단어에서는 모든 학년 간 차이가 나타난 데 비해, 고빈도 의미 단어에서는 1학년과 3학년 간 차이가 나타나지 않았다. 이와 같은 결과는 초등학교 1학년 학생 때, 고빈도 의미 단어의 능력이 이미 상당한 수준임을 시사한다고 할 수 있다. 이에 비해 저빈도 의미 단어와 무의미 단어의 경우에는 학년에 따른 발달 양상을 유의하게 보였으며, 이러한 발달 양상은 규칙 단어보다 음운변동 단어의 경우 더욱 뚜렷이 나타났다. 이는 학생들이 익숙지 않은 단어를 음독하는 능력이 초등학교 전반에 걸쳐 발달하고 있는 것을 보여준다고 할 수 있다. 특히 음운변동이 적용되는 익숙지 않은 단어를 읽는 능력의 경우 초등학교 전반에 걸쳐 뚜렷한 발달 양상을 보이며, 초등학교 3학년 이후에도 꾸준히 발달하고 있음을 보여준다고 할 수 있다.

단어인지 과정에서 산출된 오류를 분석한 결과, 무의미 단어로 변환하여 읽는 오류가 다른 의미 단어로 대치하는 오류보다 유의하게 높게 나타났다. 이는 한글과 같은 표층 표기 체계의 언어를 사용하는 학생들은 잘못된 낱자–소리 대응관계의 적용으로 인한 무의미 단어로 잘못 읽는 형태의 오류를 많이 보인다는 선행문헌을 지지하는 결과라고 할 수 있다(Ellis & Hooper, 2001; Hoxhallari et al., 2004). 저빈도 및 무의미 단어의 음독은 음운경로에 의해 이루어지기 때문에 음운처리에 부담을 주고, 이로 인하여 음독 시간이 길어질 뿐 아니라 낱자–소리 대응관계 적용의 오류를 범하게 될 확률이 높아진다. 따라서 무의미 단어로의 변환 오류가 나타나는 것으로 해석해 볼 수 있을 것이다.

규칙 단어의 오류는 각 음절의 종성에서 높게 나타났으며, 특히 가장 마지막 음절의 종성에서 오류율이 높은 것으로 나타났다. 규칙 단어의 오류 유형별 빈도를 살펴보면, 규칙 단어에서 가장 많이 나타난 오류 유형은 대치 오류였고, 첨가와 삭제 오류가 그 다음이었다. 〈표 2-4〉는 이 연구에서 사용하였던 규칙 단어 오류 분석 방법을 제시하고 있다.

음운변동 단어 오류는 연음, 구개음화, 설측음화 법칙에서의 오류가 가장 높게 나타났고, ㄴ 첨가, 축약, 설측음의 비음화, 장애음의 비음화 적용에서의 오류가 그 뒤를 이었다. 음운변동 적용 과정 중 어느 부분에서 어떤 오류 유형이 나타났는지를 분석한 결과, 각 글자의 음가대로 읽음으로써 음운변동을 적용하지 않는 오류와 음운변동을 일부 적용한 오류가 비슷한 비율로 가장 높게 나타났다. 그리고 음운변동을 잘못 적용한 비율과 음운변동 이외의 오류(음운변동과 상관없이 나타나는 오류)가 비슷한 비율로 그 뒤를 이었다. 이러한 결과들을 종합해 볼 때, 한글 단어인지 과정에서 낱자–소리 대응관계를 통한 음독이 중요한 역할을 하며, 특히 단어인지 발달 초기 단계나 새로운 단어를 인지할 때 음독이 중요한 역할을 하는 것으로 볼 수 있을 것

〈표 2-4〉 규칙 단어의 오류 유형

유형	조작적 정의	예
첨가	제시된 단어에 포함되지 않은 음소 혹은 음절을 추가하여 읽는 경우	사라지다 → 살아지다 빨래 → 빨길래
생략	제시된 단어의 음소 또는 음절을 빠뜨리고 읽는 경우	중개하다 → 중개다 앨리다 → 애리다
대치	제시된 단어의 음절 혹은 음소를 다른 음절 혹은 음소로 바꾸어 읽는 경우	놀라다 → 놀리다 관멍하다 → 강명하다
반전	음소 또는 음절의 순서를 바꾸어 읽는 경우	계기 → 기계 우하려 → 우려하
어미	시제 선어말 어미(-는-/-ㄴ-(현재), -았-/-었-(과거), -겠-(미래), -더-(회상))의 변화, 품사에 따른 시제활용형의 변화, 피사동('하다' 대신에 -시키다, -되다, -지다)의 변화 오류를 보이는 경우	알다 → 알았다 마멸되다 → 마멸하다
품사	다른 품사로 대치하여 읽는 경우	번거로이 → 번거롭다 문명 → 문명하다

출처: 김애화, 임화경, 박성희(2009). "초등학생의 단어인지 특성 연구: 단어인지 정확도와 유창성 발달 패턴 및 오류 유형 분석". 『특수교육학연구』, 44(2), 157-184.

이다. 또한 단어인지 능력이 발달하면서 점차적으로 한글 단어인지 과정에서는 음운변동 규칙의 이해가 중요하다고 볼 수 있을 것이다. 〈표 2-5〉는 이 연구에서 사용하였던 음운변동 단어 오류 분석 방법을 제시하고 있다.

또한 김애화, 강은영(2010)은 일반 초등학생의 단어인지 특성에 이은 후속 연구로, 일반 초등학생과 읽기장애 학생의 단어인지 특성을 비교하는 연구를 실시하였다. 이를 위해 단어인지 평가를 초등학교 2학년과 4학년 읽기장애 학생과 일반 학생을 대상으로 실시한 후, 집단과 학년에 따른 단어인지 수행력 비교와 단어인지 과정에서 산출된 오류를 살펴보았다. 연구 결과는 다음과 같이 나타났다. 첫째, 단어인지 수행력 결과, 5개 하위검사 모두에서 집단 간 유의한 차이가 나타났다. 둘째, 읽기장애 학생과 일반 학생 모두 무의미 단어로 변환하

〈표 2-5〉 음운변동 단어의 오류 유형

유형	조작적 정의	예	
각 글자의 음가대로 읽음	자극 단어를 구성하는 각각의 글자 음가대로 읽는 경우	얼음(/어름/) → /얼음/	연음 적용 안 함
		막론하다(/망논하다/) → /막론하다/ 낙농품(/낭농품/) → /낙농품/	장애음의 비음화 및 설측음의 비음화 적용 안 함 장애음의 비음화 적용 안 함
		늑해(/느캐/) → /늑해/	축약 적용 안 함
음운변동 일부 적용 1	1개의 음운변동이 적용되는 단어에서 음운변동을 일부 적용하거나 잘못 적용한 경우	들어오다(/드러오다/) → /들러오다/	연음 일부 적용
		연일(/여닐/) → /연닐/	연음 일부 적용
		곧히다(/고치다/) → /고히다/ /고디다/	축약 일부 적용
음운변동 일부 적용 2	2개 이상의 음운변동이 적용되는 단어에서 일부는 음운변동을 옳게 적용했으나, 나머지는 잘못 적용한 경우	밥그릇(/밥끄름/) → /밥끄른/	된소리되기 옳게 적용 7종성 잘못 적용
		폭넓다(/퐁널따/) → /퐁넙따/	장애음의 비음화 옳게 적용 된소리되기 옳게 적용 겹받침 잘못 적용
		얼낮은(/얼라즌/) → /언나즌/	연음 옳게 적용 설측음화 잘못 적용
음운변동 일부 적용 3	2개 이상의 음운변동이 적용되는 단어에서 일부는 음운변동을 옳게 적용했으나, 나머지는 적용하지 않은 경우	앉았다(/안잗따/) → /안앋따/	겹받침 옳게 적용 경음화 적용 연음 적용 안 함
		합리(/함니/) → /함리/	장애음의 비음화 옳게 적용 설측음의 비음화 적용 안 함
		앍히다(/알키다/) → /알히다/	겹받침 옳게 적용 축약 적용 안 함
음운변동 잘못 적용	음운변동을 적용하고자 시도하였으나, 잘못 적용한 경우	먹는(/멍는/) → /머근/	장애음의 비음화 잘못 적용
		순리(/술리/) → /순니/	설측음화 잘못 적용
		맑하다(/말카다/) → /마타다/	겹받침 잘못 적용 축약 잘못 적용
음운변동 이외의 오류	음운변동은 모두 옳게 적용했으나, 음운변동이 일어나지 않은 부분에서 오류를 보이는 경우	대통령(/대통녕/) → /대통녁/	설측음의 비음화는 옳게 적용했으나, '녕'의 종성 'ㅇ'을 'ㄱ'으로 대치
		업계(/업꼐/) → /엽꼐/	된소리되기는 옳게 적용했으나, '업'에서 중성 'ㅓ'를 'ㅕ'로 대치
		거재줍다(/거재줍따/) → /가재줍따/	된소리되기는 옳게 적용했으나, '거'에서 종성 'ㅓ'를 'ㅏ'로 대치

출처: 김애화, 임화경, 박성희(2009). "초등학생의 단어인지 특성 연구: 단어인지 정확도와 유창성 발달 패턴 및 오류 유형 분석". 『특수교육학연구』, 44(2), 157-184.

여 읽는 오류를 다른 의미 단어로 대치하는 오류보다 더 자주 보였다. 셋째, 읽기장애 학생과 일반 학생 모두 각 음절의 종성에서 오류를 자주 보였으며, 대치 오류를 가장 자주 보였다. 넷째, 읽기장애 학생과 일반 학생 모두 연음, 구개음화, 설측음화, 설측음의 비음화 법칙에서 오류를 자주 보였으며, 음운변동을 일부 적용하는 오류를 가장 자주 보였다. 이러한 결과는 읽기장애 학생의 단어인지 특성이 일반 학생과 질적으로 다르다기보다는 발달적 지연(developmental delays)의 특성을 보이는 것으로 해석해 볼 수 있을 것이다.

3) 읽기유창성(Reading fluency)

읽기유창성은 정확성(accuracy), 속도(speed), 표현력(prosody)의 세 가지 특성을 포함한 개념이다. 즉 읽기유창성이란 읽기지문(글)을 적절한 표현력을 갖고 빠르고 정확하게 읽는 것을 뜻한다(National Reading Panel, 2000). 읽기유창성이 부족한 학생은 글을 한 자 한 자 읽는 데에 인지적 자원(cognitive capacity)을 많이 사용하여 상대적으로 읽기이해에 사용할 인지적 자원이 부족하게 된다(LaBerge & Samuel, 1974). 따라서 읽기지문을 유창하게 읽는 능력은 글을 읽고 이해하는 능력과 높은 관련성을 갖는다.

National Reading Panel(2000)이 발표되기 전까지는 단어인지 능력에 의해 읽기유창성 능력이 좌우된다고 가정하고(Allington, 1983; Kameenui & Simmons, 2001), 읽기유창성 자체보다는 단어인지에 대한 연구가 활발하게 이루어져 왔다. 이렇듯 중요성이 제대로 인식되지 않았던 읽기유창성 영역이 중요한 영역으로 평가되기까지 크게 세 가지 연구 영역의 결과들이 중요한 역할을 하였다. 첫째, 속도(rate)에 결함을 갖는 읽기장애 하위유형에 대한 연구들을 들 수 있다. 음운처리(phonological processing)의 결함은 수많은 연구에서 읽기장애 학생의 대표적인 특성으로 보고되었다(Snowling & Hulme, 1989; Stanovich & Siegel, 1994; Torgesen, Wagner & Rashotte, 1994). 하지만 1990년 이후 발표된 일련의 연구들에서 음운처리에는 별 결함이 없으나 속도에 결함이 있는 읽기장애 하위유형이 있음이 보고되었다(Bowers & Swanson, 1991; Wolf & Bowers, 1999).

둘째, 단어인지 교수와 읽기유창성 교수가 읽기유창성에 미치는 영향을 비교한 연구들이다. 1990년대까지만 해도 읽기유창성은 단어인지의 확장된 개념으로 보아, 읽기유창성의 결함은 단어인지의 결함에 기인한다고 보았다. 따라서 읽기유창성 향상을 위해 읽기유창성 교수 자체보다는 단어인지 교수를 제공하는 경우가 많았다. 하지만 단어인지 교수가 단어인지 능력 향상에는 효과적이었지만, 읽기유창성 향상을 이끌지는 못하는 것으로 보고되었다(Meyer & Felton, 1999). 또한 개별단어 수준에서의 유창성을 강조한 교수와 글 수준에서의 읽기유창성을 강조한 교수의 효과를 비교한 연구에서도 글 수준에서의 읽기유창성을 강조한 교수가 읽기유창성 향상에 더 효과적임을 보고하였다(Daly & Martens, 1994; Marciarille, Macaruso, & Shankweiler, 2008).

셋째, 읽기유창성과 읽기이해와의 유의미한 관련성에 대한 연구들을 들 수 있다. 읽기유창성은 읽기이해능력에 대해 다른 변인(예: 음독, 듣기이해, 구어기술 등)들과 차별화된 독립적 예측력을 갖는 것으로 보고되었다(Cutting & Scarborough, 2006; Jenkins et al., 2003). 특히 읽기유창성과 읽기이해와의 관련성은 초등학교 고학년보다 저학년을 대상으로 실시하였을 때 더 큰 것으로 나타났다(Hosp & Fuchs, 2005; Yovanoff, Duesbery, Alonzo, & Tindal, 2005).

이와 같이 읽기유창성은 단어인지 능력과는 별도로 독립적인 읽기 능력이며, 특히 읽기이해와의 유의미한 관련성이 강조되면서 읽기유창성 평가는 초등학교 학생들의 읽기능력을 측정하는 대표적인 교육과정중심측정(curriculum-based measurement)으로 널리 활용되고 있다(Deno, 1985). 특히 최근 중재반응모델이 대안적인 학습장애 진단모델로 대두된 이래, 읽기유창성 평가의 중요성은 더욱 부각되고 있다. 중재반응모델의 핵심 구성요소는 효과적인 중재와 중재에 대한 반응 여부를 평가할 수 있는 검사인데, 읽기유창성 평가가 중재에 대한 반응 여부를 평가하는 대표적인 검사로 활용되고 있다.

현재 영어권에서 널리 사용되고 있는 읽기유창성 검사는 1분 동안 정확하게 읽은 단어의 수(words correct per minute)를 통해 학생의 읽기능력을 측정하는 양적 평가에 초점이 맞춰져 있다. 그에 비해 읽기유창성 검사의 또 다른 측면, 오류 분석(miscue analysis)과 같은 질적 평가는 상대적으로 관심을 덜 받아왔다. 하지만 오류 분석은 현장 교사들이 학생들의 구체적인 특성을 파악하여 교수를 계획함에 있어 유용한 정보를 제공해준다는 장점을 지니고 있다(Parker, Hasbrouck, & Tindal, 1992).

Goodman(1973)은 오류 분석(miscue analysis)에서 '오류(miscue)'는 '읽기과정을 들여다 볼 수 있는 창문'이라고 언급하면서, 오류 분석을 통해 학생이 알고 있는 것과 모르는 것을 파악할 수 있다고 하였다. Goodman을 시작으로 지금까지 다양한 언어권에서 다양한 학년의 학생을 대상으로 오류 분석 연구가 실시되어 왔다(Brown, Goodman, & Marek, 1996). 이들 연구에 사용된 오류 유형 분석 방법은 학자마다 차이는 있지만, 크게 개별단어 수준에서의 오류 분석(예: 대치, 생략, 첨가 등; Goodman, 1969; Weber, 1968)과 글 수준에서의 오류 분석(예: 문맥상 의미가 통하는지 여부; Pflaum, 1979, 1980)으로 나누어 볼 수 있다. 국내에서도 이와 비슷하게 박현숙(1999)은 개별단어에서 나타나는 오류 유형 분석(예: 대치, 생략, 첨가 등)과 의미론적으로 수용 가능한 오류인지를 파악하는 오류 유형 분석을 추가적으로 실시할 것을 제안하였다.

국내에서는 최근 읽기유창성에 관한 연구들이 발표되고 있기는 하지만 아직 그 수가 제한적이다. 특히 국내에서 발표된 읽기유창성 연구들은 초등학교 저학년 학생을 대상으로 실시하거나(김동일 · 박춘성 · 최종근 · 김익수, 2006; 이일화 · 김동일, 2003), 초등학교 고학년 학생을 대상으로 실시되었으며(김애화 · 황민아, 2008), 초등학교 전반에 걸친 읽기유창성 발달 패턴에 관한 연구는 드물다. 이와 관련하여 최근 발표된 김애화, 박성희, 김주현(2010)의 연구는 초등학생들의 학년에 따른 읽기유창성 발달 패턴과 이들이 읽기지문을 읽는 과정에서 보이는 오류 유형을 분석하고자 하였다. 이를 위해 학년 수준을 고려한 이야기글과 설명글로 구성된 읽기유창성 평가를 초등학교 1, 3, 5학년 학생(총 76명)을 대상으로 실시한 후, 학년에 따른 읽기유창성 발달 패턴과 읽기지문을 읽는 과정에 산출된 오류 유형 및 빈도를 알아보았다. 구체적으로 이 연구에서는 세 가지 연구문제를 알아보고자 하였다. 첫째, 초등학생들의 읽기유창성은 학년(1, 3, 5학년)에 따라 유의미한 차이가 있는지를 알아보고자 하였다. 둘째, 어절 수준의 오류는 어떠한 양상으로 나타나는지를 알아보고자 하였다. 어절 수준의 오류는 1) 대치, 첨가, 생략, 자기교정, 반복 중 어떤 오류의 빈도가 더 높게 나타나는지를 알아보고 2) 다른 의미 단어로의 대치 오류와 무의미 단어로의 변환 오류 중 어떤 오류의 빈도가 더 높게 나타나는지를 알아보았다. 셋째, 글 수준의 오류는 어떠한 양상으로 나타나는지를 알아보고자 하였다. 글 수준의 오류는 문맥상 의미가 통하는 오류와 그렇지 않은 오류 중 어떤 오류의 빈도가 더 높게 나타나는지를 알아보았다.

첫째, 읽기유창성 평가의 양적 분석 결과, 학년에 따른 유의미한 차이가 나타났다. 둘째, 어절 수준의 오류를 분석한 결과, 모든 학년에서 대치가 가장 높게 나타났다. 나머지 오류 유형은 학년별로 다소 차이를 보였지만, 전반적으로 자기교정과 반복이 그 뒤를 이었고 생략이 그 다음으로, 첨가가 가장 적게 나타났다. 또한 다른 의미 단어로의 대치가 무의미 단어로 변환하여 읽는 오류보다 높게 나타났다. 셋째, 글 수준의 오류를 분석한 결과, 문맥상 의미가 통하는 오류가 그렇지 않은 오류보다 높게 나타났으며, 학년이 증가함에 따라 의미가 통하는 오류의 비율이 증가하는 것으로 나타났다. 〈표 2-6〉은 이 연구에서 사용한 어절 수준의 오류 분석과 글 수준의 오류 분석 방법을 제시하고 있다.

읽기유창성 평가의 양적 분석 결과를 자세히 살펴보면, 글의 유형에 따라 결과에 다소 차이가 나타났다. 즉 이야기글에서는 1학년과 3, 5학년 간 유의미한 차이가 나타난 반면, 3학년과 5학년 간 유의미한 차이는 나타나지 않았다. 하지만 설명글에서는 1학년과 5학년 간, 그리고 3학년과 5학년 간 유의미한 차이가 나타난 반면, 1학년과 3학년 간 유의미한 차이는 나타나지 않았다. 설명글은 이야기글보다 복잡한 구조의 문장을 포함하는 경우가 많고, 이로 인하여 문장당 어절수가 상대적으로 길고 친숙도가 더 낮은 어휘를 포함하는 경우가 많다(Lapp, Flood, & Ranck-Buhr, 1995). 따라서 설명글은 초등학교 1, 2, 3학년 학생들에게는 상당히 어려운 지문이고, 이로 인하여 설명글에서 1학년과 3학년 간 차이가 유의하게 나타나지 않은 것으로 해석

〈표 2-6〉 어절 수준과 글 수준의 오류 유형 분석 방법

어절 수준 오류 유형			
유형		조작적 정의	예
자기교정		오류를 보인 후 자기 스스로 교정하여 정반응하는 경우	정말로/정말로/ →/장멀 정말로/
생략	전체(어절)	제시된 단어 전체를 생략한 경우	죽지/죽찌/ →/ /
	부분	제시된 단어에서 어미, 조사나 자립형태소가 생략된 경우	옛날에/옌나레/ →/옌날/
첨가	전체(어절)	제시된 단어에 단어가 첨가된 경우	먹지/먹찌/ →/잘 먹찌/
	부분	제시된 단어에서 조사나 선어말 어미가 첨가된 경우	사또/사또/ →/사또는/
반복	전체(어절)	제시된 단어 전체를 반복하는 경우	시골/시골/ →/시골 시골/
	부분	제시된 단어의 일부분을 반복하는 경우	/정말로/ →/정말 정말로/
	첫음절	제시된 단어의 첫음절을 반복하는 경우	않고/안코/ →/안 안코/
대치	의미단어로 대치	대치한 단어가 의미단어인 경우	사람이/사라미/ →/사람드리/
	무의미 단어로 대치	대치한 단어가 무의미 단어인 경우	아무리/아무리/ →/아무른/
	줄임	제시된 단어에서 의미 변화 없이 줄여서 발음한 경우	그런데/그런데/ →/근데/
	어미 대치	제시된 단어의 어미 부분을 대치한 경우	되었어/되어써/ →/되어써요/
	선어말 대치	제시된 단어에서 시제를 대치한 경우	생각했었거든/생가캐썯꺼든/ →/생가캗거든/
	조사 대치	제시된 단어의 조사 부분을 대치한 경우	줄기가/줄기가/ →/줄기를/
	통상적 오류	구어체에서 통상적으로 많이 보이는 오류	끝인/끄친/ →/끄신/

글 수준 오류 유형			
분석기준	조작적 정의	분석 내용	제시 단어 → 학생의 오반응
문맥상 의미가	학생이 오반응한 단어가 검사	문맥상 의미 통합	그러니 그 아이의 어머니가 그만 견디다 못해 청개구리를 **내쫓았지(/내쪼찯찌/)**.

<table>
<tr><td rowspan="2">통하는지 유무</td><td rowspan="2">지문에 제시된 단어와 바꾸어 사용해도 문맥상 의미가 통하는지 여부</td><td></td><td>→ 그러니 그 아이의 어머니가 그만 견디다 못해 청개구리를 쫓아냈지(/쪼차낸찌/).</td></tr>
<tr><td>문맥상 의미 통하지 않음</td><td>높은 산에서도 사람이 많이(/마니/) 다니는 길에서만 자랍니다.
→ 높은 산에서도 사람이 많은(/마는/) 다니는 길에서만 자랍니다.</td></tr>
</table>

출처: 김애화, 박성희, 김주현(2010). "초등학생의 읽기유창성 특성 연구: 읽기유창성 발달 패턴 및 오류 유형 분석". 『언어청각장애연구』, 15(1), 43-55.

해 볼 수 있을 것이다. 이와 반대로 이야기글은 설명글에 비해 난이도가 낮기 때문에 초등학교 저학년인 1, 2, 3학년 시기에 이야기글에 대한 유창성이 급격히 발달하다가, 그 이후에는 다소 완만한 발달 패턴을 보이는 것으로 해석할 수 있을 것이다.

읽기유창성 평가의 양적 결과에서 주목할 만한 점은 학년 간 차이를 구분 짓는 데에 글을 읽는 속도가 정확도보다 더 중요한 역할을 한다는 점이다. 본 연구에서 읽기유창성은 1분 동안 정확하게 읽은 어절 수로 전체 읽은 어절 수에서 오류 어절 수를 빼는 형식으로 산출하였다. 읽기유창성 점수의 차이는 오류 수보다는 전체 읽은 어절 수에서 더 크게 나타났다. 이는 표층 표기 체계 언어(예: 핀란드어, 독일어)는 심층 표기체계 언어(예: 영어)와 비교하였을 때, 음독 정확성보다 읽기유창성이 읽기능력을 설명하는 데 중요한 역할을 한다는 선행문헌의 결과를 지지해준다고 해석할 수 있을 것이다(Cossu et al., 1995; Landeral & Wimmer, 2008; Oney & Goldman, 1984).

어절 수준의 오류 유형 및 빈도 분석 결과를 자세히 살펴보면, 모든 학년에서 대치가 가장 높게 나타났다. 나머지 오류 유형은 학년별로 다소 차이를 보였지만, 전반적으로 자기교정과 반복이 그 뒤를 이었고 생략이 그 다음으로, 첨가가 가장 적게 나타났다. 한편 학년이 증가함에 따라 대치 오류의 비율은 감소하고, 자기교정과 반복 오류의 비율은 증가하는 것으로 나타났다. 자기교정과 반복 오류는 문맥의 의미를 변화시키지 않는 오류인 반면, 대치 오류는 문맥의 의미를 변화시킬 수 있는 오류이기 때문에 문제의 심각성이 더 큰 오류라고 할 수 있다. 학년이 증가함에 따라 상대적으로 문제의 심각성이 덜한 자기교정과 반복 오류의 비율이 증가하는 반면, 대치 오류가 감소한다는 것은 학생들의 발달을 반영한 것이라고 해석해 볼 수 있을 것이다. 또한 글의 유형별로 뚜렷한 차이를 보이지는 않지만, 설명글에서 대치 오류의 비율이 이야기글보다 높게 나타났다. 반면 이야기글에서는 첨가의 오류가 설명글보다 높게 나타났으며, 특히 조사와 시제 선어말 어미를 첨가하는 비율이 높게 나타났다. 어절 수준에서 나타난 오류 중 어미와 조사가 차지하는 비중을 살펴본 결과, 전체 오류의 약 30%가 어미와 조사 오류인 것으로 나타났다. 이는 읽기유창성 교수를 실시함에 있어 단어자체에 대한 교수뿐 아니라 어미와 조사에 대한 교수를 함께 실시할 필요가 있음을 시사한다고 할 수 있다.

어절 수준에서는 다른 의미 단어로의 대치와 무의미 단어로 변환으로의 오류 중 어떤 오류의 빈도가 높은지를 분석한 결과, 다른 의미 단어로의 대치가 더 높게 나타났다. 이는 읽기유창성 평가가 아닌 단어인지 평가에서는 무의미 단어로 변환하여 읽는 오류가 더 높게 나타난 선행 연구들과는 반대되는 결과이다(김애화, 임화경, 박성희, 2009; Ellis & Hooper, 2001; Hoxhallar, van Daal, & Ellis, 2004). 본 연구의 결과와 선행 연구를 비교해 볼 때, 개별단어를 읽는 과제와 읽기지문을 읽는 과제는 서로 상이한 처리 과정을 요구하며, 읽기유창성은 단어인지와는 별도의 읽기능력임을 시사하는 결과라고 해석해볼 수 있을 것이다.

글 수준의 오류를 분석한 결과를 자세히 살펴보면, 의미가 통하는 오류가 그렇지 않은 오류보다 높게 나타났으며, 학년이 증가함에 따라 의미가 통하는 오류의 비율이 증가하는 것으로 나타났다. 학생들이 보인 오류로 인하여 문맥의 의미가 변하게 된다면 상당히 심각한 오류로 간주될 수 있다. 반면 학생들이 보인 오류가 문맥상의 의미에 영향을 미치지 않는다면 상대적으로 덜 심각한 오류로 볼 수 있을 것이다. 학년이 증가함에 따라 의미가 통하는 오류의 비율이 증가한다는 것은 학생들의 발달을 반영한 것이라고 해석해 볼 수 있을 것이다.

또한 김애화, 박성희(2010)는 일반 초등학생의 읽기유창성 특성에 이은 후속 연구로, 일반 초등학생과 읽기장애 학생의 읽기유창성 특성을 비교하는 연구를 실시하였다. 이를 위해 유창성 평가를 초등학교 2학년과 4학년 읽기장애 학생과 일반 학생을 대상으로 실시한 후, 집단과 학년에 따른 읽기유창성 수행력 비교와 읽기과정에서 산출된 오류를 살펴보았다. 연구 결과는 첫째, 읽기유창성 검사의 양적 분석 결과 집단 간 및 학년 간 차이가 유의하게 나타났다. 둘째, 어절 수준의 오류 유형 및 빈도 분석 결과, 모든 학년의 읽기장애 학생과 일반 학생 모두 대치를 가장 많이 보였다. 셋째, 읽기장애 학생과 일반 학생 모두 어절 수준에서 나타난 오류 중 무의미 단어로 변환보다 의미 단어로의 대치가 더 많이 나타났다. 넷째, 음운변동이 일어나는 단어들에서는 읽기장애 학생이 일반 학생보다 더 많은 오류를 보였다. 다섯째, 글 수준의 오류에서는 2학년 읽기장애 학생과 일반 학생 모두 의미가 통하지 않는 오류를 더 많이 보인 반면, 4학년에서는 읽기장애 학생과 일반 학생 모두 의미가 통하는 오류를 더 많이 보였다. 이러한 결과는 읽기장애 학생의 읽기유형성 특성이 일반 학생과 비교하였을 때 질적으로 다르다기보다는 발달적 지연의 특성을 보이는 것으로 해석할 수 있는 것이다.

4) 어휘(Vocabulary)

어휘(vocabulary)는 단어(word)와 구별되는 개념으로 단어가 모여서 이루어진 집합을 지칭한다(김광해, 2003; 이관규, 2004). 즉 단어가 개별적 단위라면 어휘는 단어들이 모인 집합을 가리키고, 이러한 의미에서 단어는 어휘소라고 말할 수 있다. 이렇듯 어휘는 집합 개념을 띠고 있기 때문에, 어휘지식은 단일 단어에 대한 지식뿐 아니라 문맥 속의 단어 의미 추론 및 단어 사이의 연관성 이해 및 활용(예: 문맥에 맞는 단어의 사용) 능력 등을 포함한다. 이러한 의미에서 볼 때 어휘지식은 다차원적 구인(multidimensional construct)이다. 어휘지식은 크게 양적 어휘지식과 질적 어휘지식으로 나뉜다. 양적 어휘지식은 어휘의 양(vocabulary size)으로 학습자가 몇 개의 어휘 의미(표면적 지식)를 알고 있는가와 관련이 있다. 질적 어휘지식 혹은 어휘의 깊이(depth of vocabulary knowledge)는 학습자가 어휘 의미를 얼마나 잘 이해하는지를 의미한다.

어휘의 깊이 측면에서 볼 때, 학습자의 어휘지식 정도는 어휘의 의미를 전혀 모르는 것에서부터 어휘의 의미를 완벽하게 이해하는 것까지를 모두 포함하게 된다. 따라서 어떤 학자는 어휘지식의 수준을 '조금 이해(minimal knowledge), 부분적 이해(partial knowledge), 충분한 이해(full knowledge)'로 나누어 표현하기도 하고(예: Beck & McKeown, 1991), 어떤 학자는 이를 '결합지식(associative knowledge), 이해지식(comprehension knowledge), 생성지식(generative knowledge)'으로 표현하기도 한다(예: Baumann & Kameenui, 1991; 〈그림 2-2〉).

학습장애 학생들의 어휘지식 관련 특성 연구는 양적 어휘지식 측면이 먼저 이루어졌다. Beck과 McKeown(1991)에 따르면, 학습장애

결합지식(associative knowledge or verbal-association level):
목표어휘와 정의 연결, 단일 맥락에서 어휘의미 이해

⇩

이해지식(comprehension knowledge or partial-concept level):
목표어휘를 관련 어휘들과 연결지어 범주화,
목표어휘의 다양한 의미이해

⇩

생성지식(generative knowledge or full-concept level):
여러 상황에 어휘 적용, 비슷한 어휘들 간의 구분,
다양한 어휘범주 이해

〈그림 2-2〉 Baumann과 Kameenui(1991)가 제안한 어휘지식의 수준

학생의 어휘 수는 일반 학생과 비교하여 약 4배만큼 부족하다고 한다. 또한 Simmons와 Kameenui(1990)는 10세와 12세 학습장애 학생과 일반 학생을 비교한 결과, 학습장애 학생의 어휘 수가 일반 학생의 것보다 낮음을 밝혔다. 특히 Simmons와 Kameenui(1990)의 연구에 따르면, 10세 학생보다 12세 학생의 경우 어휘력과 읽기이해력 사이에 더 강한 상관을 보였는데, 이는 학년이 증가하면서 어휘력이 읽기이해력에 미치는 영향이 더 커짐을 나타낸다고 해석할 수 있다.

한편, 양적 어휘지식 측면에 영향을 주는 대표적인 요인으로는 사회경제적 지위(social economic status)를 들 수 있다. Hart와 Risley(1995)는 사회경제적 지위가 낮은 부모들은 전문직에 종사하는 부모와 비교하였을 때 현저하게 적은 어휘를 활용한다고 보고하였다. Graves(1986)는 사회경제적 지위가 낮은 초등학교 1학년 학생과 일반적인 초등학교 1학년 학생의 어휘 수는 약 2배 차이가 난다고 보고하였다. 특히

주목할 만한 점은 사회경제적 지위에 따른 어휘 수의 차이는 학생들의 글자음독(decoding) 능력을 조정한 후에도 나타난다는 것이다(White, Graves, & Slater, 1990).

학습장애 학생의 질적 어휘 특성에 대한 연구 결과에 따르면, 학습장애 학생은 양적 어휘지식뿐 아니라 질적 어휘지식에서도 일반 학생과 차이를 보이는 것으로 보고되었다(Simmons & Kameenui, 1990). 즉, 학습장애 학생들은 어떤 어휘의 의미를 안다고 하였을 때, 그 어휘의 의미를 표면적으로 이해하거나 부분적으로 이해하는 경우가 많은 반면, 일반 학생의 경우에는 그 어휘의 의미를 보다 포괄적으로 이해한다. 이를 Baumann와 Kameenui(1991)이 분류한 어휘지식 수준에 따라 정리해 보면(〈그림 2-2〉 참고), 학습장애 및 학습부진학생의 어휘지식 수준은 결합지식 수준에 머무는 경우가 많다고 할 수 있다.

또한 최근 들어 어휘가 차지하는 중요성이 상당히 강조되고 있는데, 그 이유는 어휘가 읽기이해 능력을 예측하는 중요한 변인으로 밝혀졌기 때문이다(Ouellette, 2006; Ricketts, Nation, & Bishop, 2007; Yovanoff, Duesbery, Alonzo, & Tindal, 2005). 특히 초등학교 저학년뿐 아니라 고학년까지, 더 나아가 중등학생과 성인들을 대상으로 실시한 연구에서도 어휘가 읽기이해에 유의미한 영향을 주는 것으로 보고되었다. 이와 비슷하게 국내에서도 어휘가 읽기유창성과 읽기이해에 유의미한 영향을 주는 것으로 보고되었다(김애화 외, 2010a, 2011; 김애화, 황민아, 2008; 이일화, 2005; 정미란, 2009). 국내에서 실시된 김애화 외(2010a) 연구를 자세히 살펴보면 다음과 같다. 이 연구에서는 초등학교 1~6학년 학생을 대상으로 음운인식, 빠른 자동 이름대기, 자모이름, 자모소리, 단기기억, 작동기억, 어휘, 문장 따라 말하기, 듣기이해, 단어인지, 읽기유창성 등의 예측변인 검사와 읽기이해 종속변인 검사를 실시한 후, 학년별 읽기이해 능력 예측변인을 탐색하였다. 그 결과 어휘, 듣기이해, 문장 따라 말하기가 읽기이해능력을 예측하는 유의미한 변인으로 나타났다. 이와 비슷하게 김애화 외(2011) 연구에서도 초등학교 1~6학년 학생을 대상으로 지능, 음운인식, 빠른 자동 이름대기, 자음이름, 자모소리, 단기기억, 작동기억, 어휘, 문장 따라 말하기, 듣기이해, 표기처리, 단어인지 검사를 실시하였다. 그 결과 어휘, 빠른 자동 이름대기, 단어인지가 읽기유창성을 유의하게 예측하는 변인으로 나타났다.

한편 김애화 · 김은주 · 김의정(2012)은 초등학생의 어휘 수행력 발달 패턴을 살펴보았다. 이를 위해 반대말과 비슷한 말로 구성된 어휘 평가를 초등학교 2~6학년을 대상으로 실시한 후, 학년에 따른 어휘 수행력 발달 패턴을 살펴보았다. 학년에 따른 반대말 검사 점수 차이를 살펴본 결과, 학년 간 유의미한 차이가 나타났다. 각 학년 간 차이를 구체적으로 알아보기 위해 Scheffe 사후검증을 실시한 결과, 2학년과 3, 4, 5, 6학년 간, 3학년과 5, 6학년 간 유의미한 차이를 보였다. 이에 비해 4학년과 5학년 간, 5학년과 6학년 간 유의미한 차이는 나타나지 않았다. 즉 전반적인 어휘 능력은 1학년부터 4학년까지 유의미한 발달 패턴을 보이다가 그 이후에는 완만한 발달 패턴을 보이는 것으로 나타났다.

학년에 따른 비슷한 말 검사 점수 차이를 살펴본 결과, 학년 간 유의미한 차이가 나타났다. 각 학년 간 차이를 구체적으로 알아보기 위해 Scheffe 사후검증을 실시한 결과, 5학년과 6학년 간 차이를 제외한 모든 학년 비교 간 차이가 나타났다. 이러한 결과는 비슷한말 검사는 반대말 검사보다 난이도가 높은 검사이며, 초등학생의 비슷한말 파악 능력은 초등학교 고학년까지도 지속적으로 발달하는 것으로 볼 수 있다.

5) 읽기이해(Reading comprehension)

읽기이해는 자신의 선행지식을 글에서 제시되는 정보와 합치면서 의미를 형성해 가는 과정을 뜻하며(Williams, 1998), 읽기교수의 궁극적인 목적이다. 예전에는 읽기이해의 어려움이 글자음독/단어인지의 결함 때문으로 여겨져 왔다(Gunning, 20002). 하지만 읽기이해에 어려움을 가진 모든 학생이 글자음독의 어려움을 가진 것이 아니며, 적절한 글자 음독력을 가진 학생 중 여전히 읽기이해에 어려움을 가지고 있는 경우가 있는 것으로 보고되었다(Klingner & Vaughn, 1996; Vaughn, Gersten, & Chard. 2000; Williams, 1998). 예를 들어 Yuill과 Oakhill (1991)은 생활연령, 글자 음독력 및 어휘력이 비슷하지만, 읽기이해력에 차이가 있는 두 집단(읽기이해력이 높은 집단과 읽기이해력이 낮은 집단)을 비교하였다. 연구 결과에 따르면 두 집단은 글자음독의 속도와 정확성 및 문장 수준의 이해에서는 차이가 나지 않았지만, 글의 이해(예: 중심내용 선택하기, 읽기이해점검력 등)에 차이를 보였다.

이와 비슷하게 여러 학자들은 읽기장애 및 읽기부진 학생이 글을 전략적으로 읽고 이해하는 데 어려움을 보이고 읽기이해점검을 잘 수행하지 못하는 것을 읽기이해 결함의 요인으로 언급하였다(Baker, 1982; Torgesen, 1980; Vaughn et al., 2000). 이는 단어 수준이나 문장 수준 이해가 가능하다고 하더라도 읽기이해의 가장 고차원적인 단계인 글 수준의 이해에서 문제를 여전히 나타낼 수 있다는 것을 의미한다.

앞에서 제시하였던 〈그림 2-1〉에서 볼 수 있듯이, 읽기이해는 읽기의 정수이며, 읽기교수의 궁극적인 목적인 읽기능력의 최상의 수준이다. 따라서 지난 30여 년간 읽기이해를 이해하고자 하는 시도들이 꾸준히 있어왔는데, 그중 읽기이해에 영향을 주는 변인들에 대한 연구가 한 축을 차지하였다. 이러한 노력의 초기에 제안되었던 단순읽기모델(Simple view of reading)에서는 읽기이해를 음독(decoding)과 듣기이해(listening comprehension)의 산물이라고 제안하였으며(Gough & Tunmer, 1986; Hoover & Gough, 1990), 그 이후 수없이 많은 연구에서 이 모델에 대한 인용 및 타당성 검증이 시도되었다. Duke(2007)는 2000~2004년 사이 Gough와 Tunmer(1986)의 연구를 언급한 논문이 75편에 이르며, 같은 기간 Hoover와 Gough(1990)의 연구를 언급한 논문이 39편에 이른다고 하였다. 하지만 이러한 일련의 연구들이 일관된 결과를 보고한 것은 아니었다.

이들 연구 중 단순읽기모델의 타당성을 지지하는 연구 결과를 살펴보면, 음독과 듣기이해는 읽기이해를 약 40~80%를 예측하는 것으로 나타났다(Dreyer & Katz, 1992; Hoover & Gough, 1990; Georgiou, Das, & Hayward, 2010). 또한 학년이 낮을수록 음독이 읽기이해에 대한 예측력이 더 크고, 학년이 올라갈수록 음독의 예측력이 줄어드는 대신 듣기이해의 예측력이 증가하는 것으로 나타났다(Georgiou & Hayward, 2009). 그러나 최근에는 음독과 듣기이해만으로는 읽기이해를 예측하기 어렵다는 연구 결과들이 보고되었다. 이러한 연구들에서는 음독과 듣기이해 이외에 읽기이해에 영향을 주는 변인으로 언어능력(어휘, 통사처리 포함), 읽기유창성, 음운기억(단기기억, 작동기억 포함), 음운인식, 빠른 자동 이름대기, 자모지식(자모이름, 자모소리) 등을 제안하였다.

이러한 변인들은 읽기이해를 예측하는 중요한 변인이기는 하지만, 대부분의 변인들이 일관되게 연구의 지지를 받는 것은 아닌 것으로 나타났다. 이와 같이 일관된 결과를 보고하지 못한 이유로는 연구 대상 연령의 차이와 어떠한 변인을 독립변인으로 포함하였는가에 대한 차이를 들 수 있을 것이다. 특히, 국내에서 발표된 연구들은 취학 전 및 초등학교 저학년 학생들을 대상으로 실시하거나(이일화 · 김동일, 2003) 초등학교 고학년 학생을 대상으로 실시되었으며(김애화 · 황민아, 2008; 이일화, 2005; 이임숙 · 조증열, 2003; 정미란, 2009), 초등학교 전반에 걸친 연구는 실시된 바가 없다. 또한 예측변인에 대한 연구들은 단어인지 능력을 예측하는 변인에 관한 연구에 집중되어 있었으며(Cho, 2009; Kim, 2009; 김선옥 · 조희숙, 2004; 김현자 · 조증열, 2001 이혜숙 · 박현숙, 1999), 상대적으로 읽기이해를 예측하는 변인에 관한 연구는 수가 적었다. 더욱이 국내 연구에서는 위에서 언급한 변인들을 모두 포함한 연구들이 없었으며, 특히 단순읽기모델에서 제안한 음독과 듣기이해를 독립변인으로 포함한 연구들이 부족한 상황이다.

이와 관련하여 최근 발표된 김애화 외(2010a)는 초등학교 1~6학년 학생을 대상으로 음운인식, 빠른 자동 이름대기, 자모이름, 자모소리, 단기기억, 작동기억, 어휘, 문장 따라 말하기, 듣기이해, 단어인지, 읽기유창성 등의 예측변인 검사와 읽기이해 종속변인 검사를 실시한 후, 학년별 읽기이해 능력 예측변인을 탐색하였다. 연구 결과에 따르면 읽기이해검사의 유형별로 결과가 다소 상이하게 나타나기는 했지만, 듣기이해, 어휘, 문장 따라 말하기가 읽기이해를 예측하는 유의미한 변인으로 나타났다. 구체적으로 살펴보면 읽기이해질문 검사를 종속변인으로 할 때 4학년을 제외한 모든 학년에서 듣기이해가, 1, 2학년에서 문장 따라 말하기가 유의미한 예측변인으로 나타났다. 또한 교육과정근거 읽기검사를 종속변인으로 할 때, 어휘가 초등학교 2, 5, 6학년에서 읽기이해를 유의하게 예측하는 변인으로 나타났다.

이 연구에서 흥미로운 점은 단어인지가 읽기이해를 예측하는 유의미한 변인이 아닌 것으로 나타난 점이다. 이러한 결과는 최근 다양한 언어권 학생들의 특성을 비교한 연구들에서 근거를 찾아볼 수 있을 것이다. 영어와 표층 표기 체계의 언어를 사용하는 학생들의 특성을 비교하는 연구들의 결과를 종합해 보면, 영어를 사용하는 학생들보다 표층 표기 체계의 언어를 사용하는 학생들이 단어인지 정확도뿐 아니라 단어인지 유창성 및 단어인지 숙달 정도가 상당히 빠른 것으로 나타났다(알바니아어, Hoxhallari, van Daal, & Ellis, 2004; 웨일즈어, Spencer & Henley, 2003; 이탈리아어, Thorstad, 1991; 독일어, Wimmer & Goswami, 1994). 한글은 낱자-소리 대응관계가 투명한 표층 표기 체계 언어에 속하기 때문에, 단어인지 정확도의 발달이 상당히 빠르다. 따라서 단어인지가 읽기이해에 대한 예측도가 유의하지 않은 것으로 해석해 볼 수 있을 것이다.

2. 읽기장애의 개관

1) 학습장애의 정의 및 하위 유형

'학습장애(learning disability)'라는 용어는 1962년에 Samuel Kirk에 의해 최초로 소개되었으며, 그 후 여러 학자 및 학습장애 관련 협회에서 서로 간의 공통성과 차이점을 지닌 학습장애 정의를 제안하였다.

국내에서도 「특수교육진흥법」의 학습장애 정의 이후, 여러 학자들에 의해 대안적인 학습장애 정의가 제안되었다(이대식, 2001; 이상훈, 1999; 정대영, 1998). '보다 적합한' 학습장애 정의를 위한 여러 학자들의 노력의 결과로 최근 「장애인 등에 대한 특수교육법」 및 한국특수교육학회에서는 「특수교육진흥법」에서의 학습장애 정의를 보완하여 새로운 학습장애 정의를 제안하였다.

Hammill(1990)은 다양한 학습장애 정의들 간의 공통점을 파악하고자 총 11개의 학습장애 정의를 다음의 9가지 기준을 바탕으로 비교 분석하였다: (1) 미성취(underachievement), (2) 내재적 결함(intrinsic to the individual/CNC dysfunction etiology), (3) 처리 결함(process involvement), (4) 모든 연령에 나타남(life span), (5) 구어 문제(spoken language problem), (6) 학업 문제(academic problem), (7) 사고 문제(conceptual problem/thinking problem), (8) 기타 문제(other conditions: 구어, 학업, 사고 문제 이외의 문제를 의미), (9) 다른 장애와의 동반 출현 여부(exclusion clause/allowance for the multihandicapping nature). 분석 결과에 따르면 대표적인 학습장애 정의 11개 사이에 합치도(the percentage of agreement)가 74%로 학습장애 정의에 대한 입장에 합치점이 많은 것으로 나타났다. 또한 Hammill(1990)은 11개의 학습장애 정의 중 학습장애 합동위원회(The National Joint Committee on Learning Disabilities [NJCLD], 1981)의 정의를 완벽하지는 않지만 가장 바람직한 정의라고 평가하였다. 다음은 학습장애합동위원회(NJCLD)가 제안한 학습장애 정의이다.

> 학습장애는 듣기, 말하기, 읽기, 쓰기, 추리, 혹은 산수 능력의 습득과 사용에 현저한 어려움을 보이는 이질적인 장애 집단을 지칭하는 포괄적인 용어이다. 이들 장애들은 각각의 개인에게 내재되어 있는 것으로, 중추신경계의 기능 장애에 의한 것으로 가정되며, 일생을 통해 나타날 수 있다. 자기조절행동, 사회적 지각, 그리고 사회적 상호작용에 문제점들이 나타날 수도 있으나, 이것들만으로 학습장애가 성립되지는

> 않는다. 학습장애는 다른 장애 상태들(예: 감각적 손상, 정신지체, 그리고 사회적 행동·정서장애) 혹은 환경적인 영향들(예: 문화적 차이, 불충분하거나 바람직하지 못한 교수)과 동시에 나타날 수 있으나, 그러한 상태들이나 영향들의 직접적인 결과로 나타나는 것은 아니다(NJCLD, 1988).

학습장애합동위원회(NJCLD)의 학습장애 정의는 위의 9가지 기준 중 처리 결함과 기타 문제를 제외하였으며, 9가지 기준에 언급되지 않은 이질성(heterogeneity)을 추가하였다. 첫째, 처리 결함을 제외한 이유로는 처리 결함은 연구에 근거한 요소가 아니며 조작적 기준이 애매하고 이를 측정하는 검사도구의 부족 등을 들었다. 둘째, 기타 문제를 제외한 것은 학습장애 학생이 어려움을 보이는 대표적인 영역은 학업(읽기, 쓰기, 수학), 구어(듣기, 말하기), 사고 영역에 한정되며 기타 영역(예: 운동발달, 사회성)은 학습장애 학생의 정의를 구성하는 영역으로 볼 수 없음을 명확히 한 것이다. 셋째, 이질성을 추가한 것은 학습장애는 다양한 영역(읽기, 쓰기, 수학, 듣기, 말하기, 사고)의 어려움을 가진 이질적인 집단이라는 점을 명확하게 한 것이다. 이상의 내용을 정리해 보면, 학습장애합동위원회(NJCLD)의 학습장애 정의는 다음의 8가지 요소를 포함하고 있고, 이 요소들이 현재 학습장애를 정의하는 구성요소로 합의된 사항이라고 볼 수 있을 것이다.

- 저성취: 학습장애는 자신의 나이 및 능력에 비해 낮은 성취를 보인다.
- 내재적 원인: 학습장애는 개인 내재적 원인(예: 중추신경계 이상)으로 인한 것이다.
- 모든 연령: 학습장애는 발달 단계와 환경의 요구에 따라 그 정도가 다르게 나타날 수 있으나, 학령기뿐 아니라 성인기에도 지속될 수

있다.

- 이질적 장애: 학습장애는 다음의 한 영역 혹은 그 이상의 영역(읽기, 쓰기, 수학, 듣기, 말하기, 사고)에서 어려움을 나타내는, 즉, 다양한 능력(abilities)과 어려움(difficulties)을 가진 이질적인 특성을 가진 개인들로 구성된 집단이다.
- 구어 문제: 학습장애는 듣기, 말하기의 구어 영역에서 결함을 보인다.
- 학업 문제: 학습장애는 읽기, 쓰기, 수학의 학업 영역에서 결함을 보인다.
- 사고 문제: 학습장애는 사고 영역에서 결함을 보인다.
- 배제 준거: 학습장애는 다른 장애 조건(예: 정신지체, 행동장애, 감각장애)이나 교육기회의 한계, 문화, 사회, 경제적 불이익의 결과로 나타나는 것은 아니다.

이상의 8가지 합의 사항에 비추어 볼 때 「장애인 등에 대한 특수교육법」의 학습장애 정의는 저성취, 내재적 원인, 구어 문제, 학업 문제, 사고 문제(국내 정의의 '문제 해결'과 동일한 개념으로 이해 가능)에 대한 사항을 포함하고 있는 반면, 모든 연령, 이질적 장애, 배제 준거에 대한 사항은 포함하고 있지 않다. 다음은 「장애인 등에 대한 특수교육법」의 학습장애 정의이다.

> 학습장애를 지닌 특수교육대상자란 개인의 내적 요인으로 인하여 듣기, 말하기, 주의집중, 지각, 기억, 문제해결 등의 학습기능이나 읽기, 쓰기, 수학 등 학업 성취 영역에서 현저하게 어려움이 있는 사람을 말한다.

이에 비해 한국특수교육학회에서 제안한 학습장애 정의는 이질적

장애를 암시적으로 언급한 것을 포함하여 모든 사항을 포함하고 있다. 하지만 한국특수교육학회에서 제안한 학습장애 정의는 위의 8가지 합의 사항과 커다란 차이점이 하나 있는데, 학습장애 학생이 어려움을 보이는 대표적인 영역으로 주의집중, 지각, 기억을 포함시켰다는 점이다. 이는 학업, 구어, 사고 영역 이외의 영역은 학습장애 정의를 구성하는 영역이라고 볼 수 없음을 명확히 밝힌 미국의 학습장애 정의와는 상당히 큰 차이점이라고 할 수 있다. 다음은 한국특수교육학회에서 제안한 학습장애 정의이다.

> 학습장애란 개인 내적 원인으로 인하여 일생동안 발달적 학습(듣기, 말하기, 주의집중, 지각, 기억, 문제해결 등)이나, 학업적 학습(읽기, 쓰기, 수학 등) 영역들 중 하나 이상에서 심각한 어려움을 겪는 것을 말한다. 이 장애는 다른 장애조건(감각장애, 정신지체, 정서장애 등)이나 환경실조(문화적 요인, 경제적 요인, 교수적 요인 등)와 함께 나타날 수 있으나 이러한 조건이 직접적인 원인이 되어 나타나는 것은 아니다.

학습장애 정의를 살펴보면, 학습장애는 다음의 한 영역 혹은 그 이상의 영역(읽기, 쓰기, 수학, 듣기, 말하기, 사고)에서 자신의 나이 및 능력에 비해 저성취로 나타나는, 즉 다양한 능력과 어려움을 가진 개인들로 구성된 이질적 장애임을 알 수 있다. 미국 특수교육법 및 현행 관련 연구를 통해 제안되는 학습장애 하위유형으로는 읽기장애, 쓰기장애, 수학장애, 구어장애(듣기 장애, 말하기 장애), 사고장애를 들 수 있다.

(1) 읽기장애

읽기장애는 크게 단어인지 읽기장애(reading disability: word recognition), 유창성 읽기장애(reading disability: fluency), 이해 읽기장애(reading disability: comprehension)로 추가 분류된다.

단어 읽기장애 학생은 개별 단어를 정확하게 읽고 의미를 이해하는 데 어려움이 있다. 유창성 읽기장애 학생은 글을 빠르고 정확하게 읽는 데 어려움이 있다. 이해 읽기장애 학생은 글을 읽고 내용을 파악하는 데 어려움이 있다(Simmons & Kammenui, 1998).

(2) 쓰기장애

쓰기는 글씨쓰기, 철자, 작문을 포함하지만, 일반적으로 쓰기장애의 하위유형은 철자 쓰기장애(written expression disability: spelling)와 작문 쓰기장애(written expression disability: composition)로 나뉜다. 철자 쓰기장애 학생은 단어를 쓸 때 글자(특히, 받침)를 빠뜨리거나, 맞춤법에 맞지 않게 단어를 쓰는 특성을 보인다.

작문 쓰기장애 학생은 쓰기 표현에서 다양한 어려움이 있다. 구체적으로 살펴보면 작문 시 사용하는 어휘의 수가 적고, 불완전 문장이나 미완성 문장을 많이 사용하며, 복잡한 문장구조를 덜 사용하고, 주제의 선택 및 풍부한 생각 생성에 어려움을 보이고, 글 구조(text structure)에 대한 이해가 부족하며, 글의 구성에 어려움을 보인다(Englert, Raphael, Fear, & Anderson, 1988; Graham, Harris, MacArthur, & Schwartz, 1991; Tindal & Parker, 1991). 또한, 작문 쓰기장애 학생은 쓰기과정(계획, 초안 작성, 수정, 편집)에 따른 작문 활동에 어려움을 갖고, 특히 계획 단계를 생략하고 바로 초안을 작성하는 특성을 보인다 (Englert et al., 1988).

(3) 수학장애

수학 학습장애는 크게 연산 수학장애(mathematics disability: computations), 문제해결 수학장애(mathematics disability: problem solving)로 나뉜다. 연산 수학장애는 기본적인 수 개념과 연산 능력에 어려움을 보인다. 기본적인 수 개념은 수 세기(Baroody & White, 1983; Bertelli, Joanni, & Martlew, 1998), 수의 크기 변별하기(Baroody & Wilkins, 1999; Griffin, Case, & Siegler, 1994) 등을 포함하며, 연산 능력은 사칙연산 구구(덧셈구구, 뺄셈구구, 곱셈구구, 나눗셈구구)의 빠른 인출, 빠르고 정확한 사칙연산 등을 포함한다. 문제해결 수학장애는 문제를 스스로 분석하여 적절한 방법(예: 실제, 그림, 거꾸로 풀기, 식, 표 등을 활용)을 선택하여 해결하는 데 어려움을 보인다.

(4) 구어장애(듣기, 말하기 장애)

학습장애의 대표적인 하위유형으로는 위에서 언급한 읽기장애, 쓰기장애, 수학장애를 들 수 있으며 이에 비해 구어장애(듣기, 말하기 장애)는 상대적으로 주목을 덜 받고 있는 실정이다.

듣기 장애는 음소수준(예: 말소리 구별 및 음소 조작의 어려움), 어휘수준(예: 어휘력 부족), 문장수준(예: 질문 또는 지시 이해의 어려움 포함), 의사소통 수준(예: 상대방의 화용적인 단서 파악의 어려움)에서의 듣기 문제를 모두 포함한다. 이와 비슷하게 말하기 장애도 단어수준(예: 단어선택,

산출, 발음 포함), 어휘수준(예: 어휘력 부족), 문장수준(예: 구문 발달의 어려움, 문법적 표현 포함), 의사소통 수준(예: 정보 전달의 양과 질 및 말의 유창성이 떨어짐)에서의 말하기 문제를 모두 포함한다(Feagans & Appelbaum, 1986; Hurford et al., 1994; Masterson, 1993; Roth & Spekman, 1986; Wiig & Semel, 1975).

(5) 사고장애

사고장애는 장애아동자문위원회(National Advisory Committee on Handicapped Children, 1968)의 학습장애 정의에 포함된 이래로 현재까지 학습장애의 하위유형으로 간주되고 있다.

사고장애는 실행적 기능(executive functioning－주의통제 능력, 작업기억, 전환능력, 계획능력)의 결함, 인지 전략(cognitive strategies) 사용 능력의 부족, 자기 조절(self-regulation) 능력의 결함 등을 포함한다(Denckla, 1994).

2) 읽기장애의 정의 및 하위 유형

읽기장애(reading disabilities)는 학습장애의 대표적인 하위 유형 중 하나로, 단어인지 읽기장애(reading disability: word recognition), 유창성 읽기장애(reading disability: fluency), 이해 읽기장애(reading disability: comprehension)로 추가 분류된다(Fletcher et al., 2002; Flanagan, Ortiz, Alfonso, & Mascolo, 2002). 이는 미국 특수교육 시행령에서 기본적인 읽기 기술(단어인지 읽기장애), 읽기유창성 기술(유창성 읽기장애), 읽기이해(이해 읽기장애)와 같은 표현이다.

단어인지 읽기장애 학생은 개별 단어를 정확하게 읽고 의미를 이해하는 데 어려움을 갖는다. 유창성 읽기장애 학생은 글을 빠르고 정확하게 읽는 데 어려움을 갖는다. 이해 읽기장애 학생은 글을 읽고 내용을 파악하는 데 어려움을 갖는다(Simmons & Kammenui, 1998).

3) 읽기장애의 인지처리 특성

미국 특수교육법에서는 학습장애를 기본적인 인지처리(basic psychological process, 이하 인지처리)의 이상으로 인한 읽기, 쓰기, 철자, 수학, 듣기, 말하기에 어려움을 보이는 것으로 언급하고 있다. 최근 들어 특정 학업영역별(예: 읽기, 수학, 쓰기)로 인지처리의 지표(process-marker)를 통해 기본적 인지처리의 문제를 밝히고자 하는 연구들이 발표되면서, 읽기장애의 기본적 인지처리 문제가 관심을 받고 있다(Torgesen, 2002). 다음은 읽기장애 하위유형별 기본적 인지처리 지표에 대한 설명이다.

(1) 단어인지 읽기장애

단어인지 읽기장애의 인지처리 지표로는 음운인식, 빠른 자동이름대기, 자모지식, 음운기억, 어휘 등을 들 수 있다.

첫째, 음운인식은 읽기능력과 강한 상관이 있으며, 향후 단어인지 능력을 예측하는 강력한 변인으로 밝혀졌다(김선옥, 2005; 이임숙·조증열, 2003; 이혜숙·박현숙, 1999; Juel, 1988; Schatschneider et al., 2004; Yopp, 1988). 둘째, 빠른 자동 이름대기는 단어인지 능력을 예측하는 유의미한 변인으로 언급되고 있다(Bowers & Swanson, 1991; Wolf & Bowers, 1999). 셋째, 자모지식은 다양한 언어권에서 단어인지 능력을 예측하는 변인으로 보고되었으며(Leppänen et al., 2008; Schatschneider et al., 2004), 국내에서도 취학 전 및 초등학교 1학년 학생에게 자모이름이 단어인지 능력을 유의하게 예측하는 변인으로 나타났다(김애화 · 유현실 · 김의정, 2010b; Kim, 2009). 넷째, 음운기억은 단어인지 능력을 유의하게 예측하는 변인으로 보고되었다(Wagner et al., 1993). 다섯째, 최근 국내에서 실시된 연구에 따르면, 어휘가 일반학생과 읽기장애학생의 단어인지 능력을 유의하게 예측하는 변인으로 나타났다(김애화 · 김의정 · 황민아 · 유현실, 2013; 김애화 · 유현실 · 김의정, 2010d).

(2) 유창성 읽기장애

유창성 읽기장애의 인지처리과정 지표로는 빠른 자동 이름대기, 어휘를 들 수 있다.

첫째, 빠른 자동 이름대기는 읽기유창성을 유의하게 예측하는 변인이며, 읽기를 독립적으로 예측하는 변인으로 언급되고 있다(김애화 · 김의정 · 유현실 · 황민아 · 박성희, 2011; Wolf & Bowers, 1999). 둘째, 최근 들어서는 어휘가 읽기유창성을 예측하는 변인으로 소개되고 있다(김애화 외, 2013; 김애화 외, 2010d; Berninger, et al., 2001). 또한 어휘의 읽기유창성 능력에 대한 예측력은 연령이 증가함에 따라 커지는 것으로 보고되었다(Barth, Catts, & Anthony, 2009).

(3) 읽기이해 읽기장애

읽기이해 읽기장애의 인지처리과정 지표로는 어휘, 듣기이해, 통사처리(예: 문법능력), 음운기억(특히 작동기억) 등을 들 수 있다.

첫째, 어휘는 읽기이해를 예측하는 유의미한 변인으로 보고되었다(김애화·황민아, 2008; 정미란, 2009; Braze, Tabor, Shankweiler, & Mencl, 2007; Ouellette & Beers, 2010). 둘째, 듣기이해는 읽기이해를 유의하게 예측하며(김애화·유현실·황민아·김의정·고성룡, 2010a; Dreyer & Katz, 1992; Hoover & Gough, 1990; Georgiou, Das, & Hayward, 2009), 특히 학년이 올라갈수록 듣기이해의 예측력이 증가하는 것으로 보고되었다. 셋째, 통사처리(예: 문법능력)는 문장 따라 말하기 과제로 주로 평가되며, 이러한 통사처리 능력은 읽기이해를 예측하는 것으로 보고되었다(김애화 외, 2010a; Catts, et. al., 1999). 넷째, 읽기이해와 작동기억과의 유의미한 상관은 여러 연구들에서 보고되었다(Oakhill, Cain, & Bryant, 2003; Seigneuric et al., 2000).

3. 읽기능력에 대한 예측변인에 관한 연구: 단어인지 중심으로

지난 20여 년간 특수교육 영역에서 강조되어온 개념 중 하나가 조기선별이다. 가능한 한 빨리 학습장애 위험군 아동을 선별하여 조기중재를 제공함으로써 향후 겪게 될 읽기의 어려움을 줄여주자는 움직임이 활발하게 이루어져 왔다. 이러한 움직임은 읽기 영역을 중심으로 위험군 아동의 조기선별을 위한 타당도와 신뢰도를 갖춘 검사의 개발로 이어졌으며, 이를 위한 기초연구로서 읽기능력을 예측하는 변인들에 관한 연구가 활발하게 이루어져 왔다. 즉, 읽기능력을 예측하는 강력한 변인을 밝히고 이러한 변인들을 중심으로 조기 읽기 선별검사를 구성함으로써, 위험군 아동들과 일반 아동들의 변별력을 높이고자 하였다.

이와 같은 읽기능력에 대한 예측 연구들은 영어권을 중심으로 이루어져 온 것이 사실이지만, 지난 10여 년간 영어권 이외의 다양한 언어권에서도 이에 대한 연구가 활발하게 이루어지고 있다. 특히 낱자—소리 대응관계의 투명성에 따라 심층 표기 체계(deep orthography)와 표층 표기 체계(shallow orthography)의 언어로 구분하여, 두 언어권에서 실시한 읽기능력에 대한 예측 연구 간에 어떤 공통점과 차이점이 있는지에 주목하는 연구들이 발표되어 왔다. 심층 표기 체계는 낱자—소리 대응관계의 투명성이 낮은 언어이며 영어, 히브리어 등이 이에 속한다(Seymour, Aro, & Erskine, 2003). 표층 표기 체계는 낱자—소리 대응관계의 투명성이 높은 언어이며 핀란드어, 알바니아어, 그리스어, 이탈리아어, 세르보크로아티아어, 한글 등이 이에 속한다. 심층 표기 체계와 표층 표기 체계 언어권에서 실시된 연구들 간의 공통점을 종합해 보면 음운인식, 자모지식, 빠른 자동 이름대기, 단기기억, 작동기억 등이 읽기능력을 예측하는 변인으로 밝혀졌다는 점이다. 반면 두 언어권 연구들에서 나타난 차이점은 이러한 변인들(음운인식, 자모지식, 빠른 자동 이름대기, 단기기억, 작동기억)의 읽기능력에 대한 상대적 예측력이 다르다는 점이다.

읽기능력을 예측하는 대표적인 변인으로 가장 많은 관심을 받아온 음운인식은 말소리를 변별, 합성, 분절, 분리, 탈락, 대치할 수 있는 능력을 말한다. 수많은 연구에서 음운인식은 읽기능력과 강한 상관을 가지며, 향후 읽기능력을 예측하는 강력한 변인으로 밝혀졌다(Bradley & Bryant, 1983; Calfee, Lindamood, Linamood, 1973; Juel, 1988; Liberman, Shankweiler, Fisher, & Carter, 1974; McBride-Chang & Kail, 2002; Schatschneider et al., 2004; Stanovich, Cunningham, & Cramer, 1984; Yopp, 1988).

또한 음운인식은 지능, 어휘지식, 기억 및 사회·경제적 지위 등을 통제한 후에도 여전히 읽기능력을 유의하게 예측하는 변인으로 나타났다(Bryant, MacLean, Bradley, & Crossland, 1990; Lonigan, Burgess, & Anthony, 2000; Wagner, Torgesen, & Rashotte, 1994; Wagner, Torgesen, Rashotte, & Hecht, 1997).

음운인식과 읽기능력 간의 관련성은 영어권뿐 아니라 표층 표기 체계 언어권에서도 비슷하게 보고되었다(그리스어 Cossu, Shankweiler, Liberman, Katz, & Tola, 1988; 독일어 Harris & Giannouli, 1999; 이탈리아어 Wimmer, Landerl, & Schneider, 1994). 그러나 음운인식이 다른 변인들과 함께 투입되었을 때, 음운인식이 갖는 읽기능력에 대한 상대적 예측력은 언어의 투명도에 따라 다르게 나타났다. 예를 들어 영어권에서 실시된 Wagner와 동료들의 연구(1997)에서는 유치원부터 초등학교 4학년까지 추적연구를 실시한 결과, 유치원과 초등학교 2학년까지의 음운인식 능력은 2년 후의 읽기능력을 유의하게 예측하는 것으로 나타났다. 특히 음운인식은 빠른 자동 이름대기와 음운기억 과제보다 읽기능력을 더 강력하게 예측하는 변인으로 나타났다. 이에 비해, 표층 표기 체계 언어권에서 실시된 de Jong과 van der Leij(1999)의 연구에서는 유치원부터 초등학교 2학년까지 추적연구를 실시한 결과, 유치원 시기에 측정한 음운인식은 초등학교 1학년의 읽기능력을 유의하게 예측하지 못하고, 초등학교 1학년 때 측정한 음운인식 능력만이 읽기능력을 유의하게 예측하는 것으로 나타났다. 이에 비해 유치원과 초등학교 1학년 시기에 측정한 빠른 자동 이름대기는 모두 향후 읽기능력을 모두 유의하게 예측하는 것으로 나타났다. 또한 de jong과 van der Leij(2002)의 연구에서도 음운인식보다 빠른 자동 이름대기의 중요성을 지지해주는 결과가 보고되었다. 구체적으로 회귀분석 시 초등학교 1학년 때 측정한 음운인식을 빠른 자동 이름대기보다 먼저 투입하였을 때는 빠른 자동 이름대기와 음운인식 모두 초등학교 3학년의 읽기능력을 유의하게 예측하였다. 반면 빠른 자동 이름대기를 음운인식보다 먼저 투입하였을 때는 빠른 자동 이름대기만이 향후 읽기능력을 유의하게 예측하였고, 음운인식은 추가적으로 유의미한 설명을 하지 못하였다.

자모지식은 자모의 형태를 아는 것, 자모의 이름을 암송하는 것, 자모의 이름과 소리를 아는 것 등을 포함하는 능력이며, 유치원 아동들의 자모지식은 향후 읽기능력에 대한 예측도가 상당히 높은 것으로 나타났다(Adams, 1990; Blachman, 2000; Scarborough, 1998). 일찍이 Smith(1928)가 자모 관련 과제 수행 능력을 읽기능력에 대한 높은 예측력을 지닌 변인으로 언급하였으며, 그 후 수많은 학자들에 의해 자모 관련 과제 수행 능력이 읽기능력과 높은 상관이 있다는 것이 보고되었다. Smith(1928)는 같은 자모를 연결시키는 능력(matching the letters)과 읽기능력 간의 유의미한 상관을 보고하였으며, Satz, Taylor, Friel과 Fletcher(1978)는 자모이름을 암송하는 능력(reciting the letters of alphabets)과 읽기능력 간의 유의미한 상관을 보고하였다. Jansky와 de Hirsch(1972)는 자모이름을 대는 능력(letter naming)이 읽기능력을 예측하는 가장 강력한 변인이라고 보고하였다. 최근 실시된 연구에서도 자모이름 과제와 자모소리 과제 수행 능력이 음운인식, 빠른 자동 이름대기와 함께 향후 읽기능력을 유의하게 예측하는 변인으로 보고되었다(Schatschneider et al., 2004). 또한 Schatschneider과 동료(2004)들은 유치원 초기에는 자모이름 과제가 유치원 후기에는 자모소리 과제가 읽기능력을 더 많이 설명한다는 결과를 보고하면서, 자모이름과 자모소리의 읽기능력에 대한 상대적 예측도가 발달 단계에 따라 차이가 난다고 언급하였다.

자모지식과 읽기능력 간의 관련성은 영어권뿐 아니라 표층 표기 체계 언어권에서도 비슷하게 보고되었다. 예를 들어 Leppänen, Aunola, Niemi와 Nurmi(2008)의 연구에서는 핀란드 유치원생을 대상으로 초등학교 4학년 때까지 추적연구를 실시한 결과, 자모지식(자모이름)이 초등학교 4학년 때의 읽기능력을 예측하는 가장 강력한 변인으로 나타났다. 이와 비슷하게 Aro, Tolvanen, Poikkeus와 Lyytinen(2005)의 연구에서도 초등학교 1학년 때 측정한 자모지식(자모이름)이 음운인식보다 향후 읽기능력을 예측하는 데 더 강력한 변인으로 나타났다(Leppanen et al., 2008 재인용). 여기서 주목할 만한 점은 표층 표기 체계 언어권에서 실시한 연구는 대부분 자모이름 과제를 사용한 반면, 영어권 연구에서는 자모이름뿐 아니라 자모소리 과제를 함께 사용하였다는 것이다(Schatschneider et al., 2004).

빠른 자동 이름대기는 시각적으로 제시된 자극의 이름을 빠르고 정확하게 말할 수 있는 능력을 의미하며, 일반적으로 무작위 순서로 제시된 숫자, 색깔, 물체, 글자를 보고 최대한 빨리 해당 자극의 이름을 대도록 하여 평가된다(Denkla & Rudel, 1976). 이러한 빠른 자동 이름대기는 읽기능력, 특히 단어인지 및 읽기유창성을 예측하는 유의미한 변인으로 언급되고 있다(Bowers & Swanson, 1991; Torgesen et al., 1997; Wolf & Bowers, 1999). 특히 빠른 자동 이름대기는 표층 표기 체계 언어권에서 더 중요한 역할을 하는 것으로 나타났다(핀란드어 de Jong & van der Leij, 1999, 2002; 이탈리아어 Di Filippo et al., 2005; 독일어 Wimmer, 1993). 이에 비해 영어권에서는 빠른 자동 이름대기는 향후 읽기능력을 유의하게 예측하기는 하지만, 음운인식과 자모지식 보다는 예측도가 다소 낮은 것으로 보고되었다(Clarke, Hulme, & Snowling,

2005; Compton, 2003; Compton, Fuchs, Fuchs, & Bryant, 2006; Neuhaus & Swank, 2002). 또한 표층 표기 체계 언어권에서는 빠른 자동 이름대기가 음운인식과는 별도로 읽기능력을 독립적으로 예측하는 변인이라는 연구 결과가 지지를 얻고 있다(Wimmer, 1993). 이에 비해 영어권에서는 빠른 자동 이름대기와 음운인식이 서로 독립적으로 읽기능력을 예측하는 변인이라는 설(Bowers, Golden, Kennedy, & Young, 1994; Bowers, 1995)과 빠른 자동 이름대기는 연령이 증가할수록 읽기능력을 독립적으로 예측하지 못한다는 설(Torgesen et al., 1997; Wagner et al., 1997)이 여전히 맞서고 있는 상황이다.

읽기능력을 예측하는 또 다른 변인 중 하나가 음운기억(phonological memory)이다. 기억 연구의 초기에는 단순한 저장 용량을 측정하는 단기기억(short-term memory)의 개념이 주로 사용되었으나, Baddley와 Hitch(1974)가 작동기억(working memory) 모델을 소개한 후부터는 중앙집행(central executive), 음운회로(phonological loop), 시공간적 스케치패드(visuospatial sketchpad)로 구성된 작동기억의 개념이 주로 사용된다. 여기서 음운기억은 중앙집행과 음운회로와 관련이 있는데, 먼저 음운회로는 음운정보를 저장하는 단순 저장 능력을 의미한다. 이에 비해 중앙집행은 단순 저장뿐 아니라 정보의 처리를 포함한 능력을 의미한다. 일반적으로 음운회로의 기능을 측정하는 과제(이하 단기기억 과제)로는 숫자 바로 따라하기와 무의미 단어 따라 말하기 등이 활용되고 있으며, 중앙집행의 기능을 측정하는 과제(이하 작동기억 과제)로는 숫자 거꾸로 따라하기, 듣기폭 과제, 읽기폭 과제 등이 활용되고 있다(Swanson & Howell, 2001).

지금까지 발표된 음운기억과 읽기능력 간의 관련성에 관한 연구 결과를 종합해보면, 음운기억이 읽기능력을 독립적으로 예측하는 변인이라기보다는 읽기능력과 유의미한 상관을 갖는 변인으로 해석할 수 있다. 예를 들어 Wagner와 동료들(1994, 1997)이 실시한 3년과 5년 장기종단연구 결과에 따르면, 음운기억 과제는 읽기능력과 유의미한 상관을 보이기는 하지만 읽기능력을 독립적으로 예측하지는 않는 것으로 나왔다. 특히, Wagner와 동료들(1993)의 연구에서는 음운기억과 음운인식이 하나의 요인으로 묶이는 것으로 보고하였다. 이와 비슷하게, 표층 표기 체계 언어권에서 실시된 연구에서도 음운기억은 읽기능력과 유의미한 상관을 보이기는 하지만, 읽기능력을 독립적으로 예측하지는 않는 것으로 보고되었다(de Jong & van der Leij, 1999).

이상에서 살펴본 바와 같이, 언어의 투명도와 상관없이 다양한 언어권에서 음운인식, 자모지식, 빠른 자동 이름대기, 단기기억, 작동기억 등이 읽기능력과 유의미한 관련성이 있는 것으로 보고되었다. 하지만 이러한 변인들의 읽기능력에 대한 상대적 예측력은 언어의 투명도에 따라 차이를 보이는 것을 알 수 있다. 한글은 낱자-소리 대응 관계가 투명한 표층 표기 체계 언어에 속하기는 하지만, 음운변동 현상으로 인하여 자모의 음가가 단어 내에서의 위치에 따라 변하게 되는 경우가 상당수에 이른다. 때문에 핀란드어나 그리스어 등과는 또 다른 특성이 있다고 볼 수 있다. 따라서 한글의 읽기능력을 예측하는 변인과 영어권이나 다른 표층 표기 체계 언어권의 읽기능력을 예측하는 변인과의 공통점과 차이점을 알아보는 것이 필요할 것이다.

이와 관련하여 김애화 외(2010b, 2011)는 일련의 연구를 통해 한글 단어인지에 대한 유의미한 예측력을 지니는 변인을 살펴보고자 하였다. 김애화 외의 연구(2010b, 2011)는 취학 전 아동부터 초등학교 1학년을 대상으로 실시한 연구와 초등학교 전체 학년 학생을 대상으로 실시한 연구로 나뉜다.

1) 취학 전 아동과 초등학교 1학년 아동

김애화 외(2010b)는 서울, 경기, 충청남도 지역 내 어린이집 및 유치원에 재학 중인 6세 아동(89명)과 초등학교 1학년 아동(92명) 등을 대상으로, 단어인지에 대한 유의미한 예측력을 지니는 변인을 알아보고자 하였다. 이를 위해 예측변인으로는 음운인식, 빠른 자동 이름대기, 자모지식, 단기기억, 작동기억을 포함하였으며, 준거변인은 단어인지였다.

모든 검사는 훈련을 받은 검사자에 의해 개별적으로 실시하였다. 각 연령별로 아동의 읽기능력 예측변인을 탐색하기 위하여 중다회귀분석 방법을 적용하였다. 읽기과제 변인들 간의 상관관계가 높을 것으로 예상되어 독립변인 간 상관관계가 높을 경우 발생할 수 있는 다중공선성 문제를 확인하기 위하여 VIF 지수를 확인하였으며, 연령집단별 읽기능력 예측변인들의 효과크기를 검토하기 위해 투입된 독립변인들의 회귀계수를 비교하였다.

연령별 단어인지 능력에 대한 설명변인을 탐색하기 위한 회귀분석 결과는 〈표 2-7〉에 제시된 바와 같다. 먼저 6세 집단에서는 6개의 변인들이 단어인지 합계점수의 55.5%를 설명하였고, 고빈도 규칙의미 단어 검사에 대해서 57.2%, 고빈도 음운변동 의미단어 검사에 대하여 50.5%를 설명하는 것으로 나타났다. 한편 초등학교 1학년에서는 6개의 독립변인들이 단어인지 합계점수의 51.2%를 설명하는 것으로 나타났고, 고빈도 음운변동 의미단어 검사에 대해서는 37.8%, 저빈도 규칙의미 단어에 대해서는 41.9%, 저빈도 음운변동 의미단어 검사에 대해서는 46.9%, 무의미 규칙 단어에 대해서는 50.2%, 무의미 음운변동 단어에 대해서는 41.8%를 설명하는 것으로 나타났다.

〈표 2-7〉 연령별 단어인지 능력에 대한 중다회귀분석 결과

6세	단어인지 합계(β)	고빈도 규칙 의미단어(β)	고빈도 음운변동 의미단어(β)	VIF
음운인식	.253*	.203*	.290*	1.944
빠른 자동 이름대기	.077	.146	.010	2.404
자모이름	.272*	.310*	.226	2.243
자음소리	.109	.072	.138	1.394
단기기억	.040	.014	.063	1.343
작동기억	.183	.178	.181	2.846
R^2	.555***	.572***	.505***	

초등 1년	단어인지 합계(β)	고빈도 음운변동 의미단어 (β)	저빈도 규칙 의미단어 (β)	저빈도 음운변동 의미단어 (β)	무의미 규칙 단어 (β)	무의미 음운변동 단어 (β)	VIF
음운인식	.196*	.076	.156	.294**	.127	.203	1.479
빠른 자동 이름대기	.236**	.194*	.215*	.150	.314***	.216*	1.125
자모이름	.238**	.192	.145	.246**	.247**	.252**	1.244
자음소리	-.055	-.043	-.054	-.097	-.044	-.010	1.176
단기기억	.177*	.225*	.157	.139	.171*	.133	1.198
작동기억	.307**	.308**	.350**	.253*	.295**	.215*	1.423
R^2	.512***	.378**	.419***	.469***	.502***	.418***	

* p<.05, ** p<.01, *** p<.001.

출처: 김애화, 유현실, 김의정(2010c). "음운인식, 빠른 자동 이름대기, 자모지식, 단기기억, 작동기억과 한글 단어인지 능력 간의 관련성에 관한 연구: 읽기장애 조기선별을 위한 기초연구". 『특수교육학연구』, 45(1), 247-267.

한편 두 연령 집단별로 단어인지 능력에 대한 독립변인들의 상대적 예측 능력을 검토하기 위하여 회귀계수를 비교하였다. 6세 아동의 경우에는 단어인지 합계점수를 종속변인으로 하는 경우에 자모이름(β=.272, p<.05), 음운인식(β=.253, p<.05)의 순서로 효과크기가 큰 것으로 나타났다. 단어인지 하위검사별 결과를 살펴보면, 고빈도 음운변동 의미단어의 경우에는 음운인식(β=.290, p<.05)의 효과크기만이 통계적으로 유의미한 것으로 나타났다. 고빈도 규칙 의미단어의

경우에는 단어인지 합계점수의 결과와 유사하게 자모이름(β=.310, $p<.05$), 음운인식(β=.203, $p<.05$)의 순서로 통계적으로 유의미한 효과크기가 있는 것으로 나타났다.

한편 초등학교 1학년의 경우에 단어인지 합계점수의 경우에는 작동기억(β=.307, $p<.01$), 자모이름(β=.238, $p<.01$), 빠른 자동 이름대기(β=.236, $p<.01$), 음운인식(β=.196, $p<.05$), 단기기억(β=.177, $p<.05$)의 순서로 효과크기가 큰 것으로 나타났다. 단어인지 하위검사별 결과를 살펴보면, 고빈도 음운변동 의미단어의 경우에는 작동기억(β=.308, $p<.01$), 단기기억(β=.225, $p<.05$), 빠른 자동 이름대기(β=.194, $p<.05$)의 순서로 통계적으로 유의미한 효과크기가 있는 것으로 나타났다. 저빈도 규칙 의미단어의 경우에는 작동기억(β=.350, $p<.01$), 빠른 자동 이름대기(β=.215, $p<.05$)의 순서로, 저빈도 음운변동 의미단어의 경우에는 음운인식(β=.294, $p<.01$), 작동기억(β=.253, $p<.05$), 자모이름(β=.246, $p<.01$)의 순서로 통계적으로 유의미한 효과크기가 있는 것으로 나타났다. 그리고 무의미 규칙 단어의 경우에는 빠른 자동 이름대기(β=.314, $p<.001$), 작동기억(β=.295, $p<.01$), 자모이름(β=.247, $p<.01$), 단기기억(β=.171, $p<.05$)의 순서로, 무의미 음운변동 단어의 경우에는 자모이름(β=.252, $p<.01$), 빠른 자동 이름대기(β=.216, $p<.05$), 작동기억(β=.215, $p<.05$)의 순서로 통계적으로 유의미한 효과크기를 가지는 것으로 나타났다.

2) 초등학교 1~6학년 학생

김애화 외(2011)는 경기, 충청남도 지역 내 초등학교에 재학 중인 초등학교 1~6학년 학생 총 511명을 대상으로, 단어인지에 대한 유의미한 예측력을 지니는 변인을 알아보고자 하였다. 이를 위해 예측변인으로는 지능, 음운인식, 빠른 자동 이름대기 검사, 자음이름, 자모소리, 단기기억, 작동기억, 어휘, 문장 따라 말하기, 듣기이해, 표기처리가 포함되었으며, 준거변인은 단어인지였다.

모든 검사는 훈련을 받은 검사자에 의해 개별적으로 실시하였다. 각 학년별로 학생의 단어인지와 읽기유창성 능력 예측변인을 탐색하기 위하여 중다회귀분석 방법을 적용하였다. 특히 학생들의 단어인지력에 대한 예측변인들의 고유 설명량을 탐색하기 위하여 위계적 회귀분석(hierarchical regression analysis)을 실시하였다. 종속변인에 대한 각 독립변인들의 고유 설명량을 산출하는 방법으로는 먼저 1단계에서 산출하고자 하는 특정한 예측변인을 제외한 모든 예측변인을 투입하고 2단계에서는 산출하고자 하는 특정한 독립변인을 투입함으로써 1단계와 2단계의 설명량의 차이(즉, ΔR^2)를 산출하였다(Manis et al., 2000). 변인들 간의 상관관계가 높을 것으로 예상되어 독립변인 간 상관관계가 높을 경우 발생할 수 있는 다중공선성 문제를 확인하기 위하여 VIF 지수를 확인하였다.

단어인지 검사를 종속변인으로 할 때 읽기 관련 변인들의 설명력을 탐색하기 위한 회귀분석 결과는 〈표 2-8〉에 제시된 바와 같다. 먼저 1학년의 경우에는 어휘검사를 실시하지 않아, 단어인지 능력에 대한 예측변인으로 지능지수, 빠른 자동 이름대기, 자모이름, 자모소리, 단기기억, 작동기억, 문장, 듣기이해, 음운인식, 표기처리 검사를 예측변인으로 설정하였으며, 중다회귀분석 결과 전체 예측변인은 단어인지 능력의 68.9%를 설명하는 것으로 나타났다($F=16.587$, $p<.001$). 단어인지 능력에 대한 읽기 관련 변인들의 상대적 영향력은 표기처리($\beta=.401$, $p<.001$), 단기기억($\beta=.325$, $p<.001$), 음운인식($\beta=.214$, $p<.05$)

〈표 2-8〉 단어인지 검사를 종속변인으로 하는 예측변인들의 중다회귀분석 결과

	1학년			2학년			3학년			4학년			5학년			6학년		
	S.E.	β	VIF	S.E.	β	VIF	S.E.	β	VIF	S.E.	β	VIF	S.E.	β	VIF	S.E.	β	VIF
지능지수	.191	.030	1.664	.187	.150	2.121	.112	−.022	2.294	.203	.010	2.346	.184	.035	1.997	.070	−.195	2.019
빠른이름	.117	.086	1.259	.091	.183*	1.321	.062	.218*	1.392	.094	.219	1.235	.075	.089	1.298	.030	.276**	1.366
자모이름	.684	.107	1.353	.500	.284**	1.615	.394	.158	1.376	-	-	-	-	-	-	-	-	-
자모소리	.366	−.116	1.496	.338	−.040	1.742	.179	.152	1.232	.462	.258*	1.456	.369	.230*	1.762	.183	−.045	1.248
단기기억	.336	.325***	1.427	.384	.322**	1.982	.224	.252*	1.527	.505	−.038	1.502	.321	.425***	1.340	.150	.404***	1.415
작동기억	1.365	.161	1.996	.895	.189	1.862	.611	.030	1.676	1.076	.313*	2.453	.700	.209	1.849	.298	.100	1.551
어휘	-	-	-	.202	.073	1.949	.127	.021	2.442	.154	.063	1.852	.131	.052	2.172	.060	.408**	2.073
문장	.642	.039	2.121	.543	−.069	1.917	.384	−.005	1.642	.649	−.156	2.050	.504	−.035	2.038	.227	−.102	2.297
듣기이해	2.327	−.090	1.522	1.777	−.147	1.831	1.182	.087	1.699	1.892	.175	1.493	1.513	−.044	1.269	.634	−.205	1.496
음운인식	.187	.214*	2.024	-	-	-	-	-	-	-	-	-	-	-	-	-	-	-
표기처리	.569	.401***	1.665	.753	.177	1.923	.618	.276*	1.659	-	-	-	-	-	-	-	-	-
R^2	.689			.614			.521			.360			.492			.425		
$adj.\ R^2$	.647			.555			.456			.281			.439			.364		
F	16.587***			10.339***			7.944***			4.573***			9.207***			6.938***		

출처: 김애화, 김의정, 유현실, 황민아, 박성희(2011). “초등학생의 단어인지와 읽기유창성에 대한 예측변인 연구”. 『초등교육연구』, 24(1), 277-303.

의 순으로 유의하였다.

2학년의 경우에는 중다회귀모형에서 음운인식 검사가 포함되지 않으며 어휘검사가 추가되었다. 이들 전체 읽기 관련 변인은 2학년 학생들의 단어인지 능력의 61.4%를 설명하는 것으로 나타났으며(F=10.339, p<.001), 단어인지 능력에 대한 읽기 관련 변인들의 상대적 영향력은 단기기억(β=.322, p<.01), 자모이름(β=.284, p<.01), 빠른 자동 이름대기(β=.183, p<.05)의 순으로 유의하였다.

3학년의 경우에는 전체 예측변인들이 단어인지 능력의 52.1%를 설명하는 것으로 나타났으며(F=7.944, p<.001), 단어인지 능력에 대한 예측변인들의 상대적 영향력은 표기처리(β=.276, p<.05), 단기기억(β=.252, p<.05), 빠른 자동 이름대기(β=.218, p<.05)의 순으로 유의하였다.

4학년부터 6학년까지는 자모이름과 표기처리 검사를 실시하지 않아 회귀모형에서는 제외되어 지능지수, 빠른 자동 이름대기, 자모소리, 단기기억, 작동기억, 어휘, 문장 따라 말하기, 듣기이해 등 8개 예측변인이 회귀모형의 예측변인에 포함되었다. 이들 전체 예측변인은 4학년 학생 단어인지 능력의 36.0%, 5학년의 경우에는 49.2%, 6학년의 경우에는 42.5%를 설명하는 것으로 나타났다. 또한 이들 예측변인들 중에서 단어인지 능력에 대한 상대적 영향력은 4학년의 경우 작동기억(β=.313, p<.05)과 자모소리(β=.258, p<.05), 5학년의 경우에는 단기기억(β=.425, p<.001)과 자모소리(β=.230, p<.05), 6학년의 경우에는 어휘(β=.408, p<.01), 단기기억(β=.404, p<.001), 빠른 자동 이름대기(β=.276, p<.01)가 통계적으로 유의하였다.

단어인지 능력에 대한 예측변인들의 고유 설명량은 〈표 2-9〉에 제시된 바와 같이 단기기억의 고유 설명량이 1학년 7.4%, 2학년 5.2%,

3학년 4.2%, 5학년 13.5%, 6학년 11.5%로 4학년을 제외한 모든 학년에서 통계적으로 유의하였다. 빠른 자동 이름대기의 경우에는 2학년 2.5%, 3학년 3.4%, 6학년 5.6%로 유의하였다. 또한 표기처리의 고유 설명량은 1학년 9.7%, 3학년 4.6%로 통계적으로 유의하였고, 자모소리의 고유 설명량은 4학년 4.6%, 5학년 3.0%로 통계적으로 유의하였다. 그 밖에 자모이름, 작동기억, 어휘, 음운인식이 일부 학년에서 부분적으로 고유 설명량이 유의하게 나타났다.

〈표 2-9〉 단어인지 능력에 대한 각 예측변인들의 고유 설명량

	1학년	2학년	3학년	4학년	5학년	6학년
지능지수	.001	.011	.000	.000	.001	.019
빠른 이름	.006	.025*	.034*	.039	.006	.056**
자모이름	.009	.050**	.018	–	–	–
자모소리	.009	.001	.019	.046*	.030*	.002
단기기억	.074***	.052**	.042*	.001	.135***	.115***
작동기억	.013	.019	.001	.040*	.024	.006
어휘	–	.003	.000	.002	.001	.080**
문장	.001	.002	.000	.012	.001	.005
듣기이해	.005	.012	.004	.021	.002	.028
음운인식	.023*	–	–	–	–	–
표기처리	.097***	.016	.046*	–	–	–

출처: 김애화, 김의정, 유현실, 황민아, 박성희(2011). "초등학생의 단어인지와 읽기유창성에 대한 예측변인 연구". 『초등교육연구』, 24(1), 277-303.

제3장

추적연구 실시 방법 및 연구 결과

1. 연구 대상
2. 측정 도구
3. 검사자 훈련 및 자료수집 절차
4. 자료분석 방법
5. 연구 결과

제3장 추적연구 실시 방법 및 연구 결과

1. 연구 대상

본 연구는 서울, 경기, 충청남도 지역 내 어린이집 및 유치원에 재학 중인 5세 아동과 6세 아동을 대상으로 실시하였다. 어린이집 및 유치원 측의 협조를 얻어 각 어린이집과 유치원에 재학 중인 원생 전원에게 본 연구의 검사들을 실시하였다. 이들 아동은 2008년 11~12월에 한국연구재단의 지원으로 실시된 검사에 참여하였으며, 이 당시 다양한 예측변인(음운인식, 빠른 자동 이름대기, 음운기억, 자모지식 등) 검사가 실시되었다. 본 추적연구에서는 1년 뒤인 2009년 11~12월에 종속변인(단어인지, 읽기유창성, 읽기이해)을 측정하는 2차 검사를 실시하

〈표 3-1〉 검사 시기에 따른 연구 대상의 평균 연령과 성별 분포

	검사 시기	평균 연령(개월)	성별 비율(남 : 여)
1차 검사 시-5세	1차 검사	52	45 : 47
	2차 검사	63	29 : 29
1차 검사 시-6세	1차 검사	66	48 : 48
	2차 검사	77	29 : 32

였다. 2차 검사에 참여한 아동의 수는 5세(58명)와 6세(61명) 총 119명이었다. 어린이집 및 유치원의 특성상 아동의 이동이 빈번하게 일어났으며, 이로 인하여 탈락률이 37%로 나타났다.

2. 측정 도구

본 연구의 예측변인으로는 음운인식, 자모지식(자음이름, 자음소리), 빠른 자동 이름대기, 음운기억(단기기억, 작동기억)이 사용되었으며, 예측변인 검사는 2008년 11~12월에 측정하였다. 본 연구의 종속변인으로는 단어인지가 사용되었으며, 종속변인 평가는 2009년 11~12월에 측정하였다.

예측변인 평가는 연구자가 검사를 개발하여 실시하였으며, 종속변인 평가는 KISE 기초학력검사-음독 검사와 연구자 개발 단어인지 검사를 함께 사용하였다. 〈표 3-2〉는 본 연구에 사용된 예측변인과 종속변인 검사의 Cronbach α 계수이며, 〈표 3-2〉에서 보는 바와 같

〈표 3-2〉 연구에 사용된 소검사들의 Cronbach α 계수

		6세 → 7세	5세 → 6세
1차연도 예측변인 평가	음운인식	.983	.945
	자모이름	.953	.963
	자모소리	.974	.973
	빠른 자동 이름대기	.956	.963
	단기기억	.710	.813
	직동기억	.738	.703
2차연도 종속변인 평가	단어인지	.986	.986
	KISE 기초학력검사-음독	.914	.899

이 만족스러운 수준으로 평가되었다.

1) 음운인식 검사

음운인식 검사는 선행 검사(예: Comprehensive Test of Phonological Processing, Dynamic Indicator of Basic Early Literacy Skills) 및 선행 문헌(예: 이혜숙 · 박현숙, 1999; Holopainen et al., 2000; Vandervelden & Siegel, 1995)을 기반으로 개발하였다. 본 음운인식 검사는 음절, 초성-각운, 음절체-종성, 음소의 음운인식 단위(phonological unit; 음절 단위, 초성-각운 단위, 음절체-종성 단위, 음소 단위)별로 변별, 분리, 합성, 분절, 탈락, 대치 과제를 포함하도록 총 18개의 하위검사로 구성하였다. 음절인식 과제로는 음절변별, 음절분리, 음절합성, 음절분절, 음절탈락, 음절대치가 포함되었고, 초성-각운 인식 과제로는 초성-각운 변별, 초성-각운 합성, 초성-각운 분절이 포함되었으며, 음절체-종성 인식 과제로는 음절체-종성 변별, 음절체-종성 합성, 음절체-종성 분절이 포함되었으며, 음소인식 과제로는 음소변별, 음소분리, 음소합성, 음소분절, 음소탈락, 음소대치가 포함되었다. 검사는 시간제한 없이 실시되었으며, 아동이 연속하여 3문항에서 오반응하면 이를 중지점으로 보아 검사를 종료하였다. 각 문항의 응답은 정답은 1, 오답은 0으로 채점하여 각 하위검사별 총점을 산출하였다.

2) 자모지식 검사

자모지식 검사는 아동이 자모이름과 소리를 아는 정도를 측정하기 위해 국내외 선행 문헌을 기반으로 (1) 자모이름, (2) 자음소리의 두 가지 하위검사로 구성하였다(김선옥 · 조희숙, 2006; 최나야 · 이순형, 2008; Landerl & Wimmer, 2008; Schatschneider et al., 2004). 각 문항의 응답은 정답은 1, 오답은 0으로 채점하여 각 하위검사별 총점을 산출하였다.

(1) 자모지식: 자모이름

자모이름 검사지는 한글 기본 자음 14개와 기본 모음 10개에 ㅐ와 ㅔ를 포함하여 모음 12개를 포함하도록 구성하였다.

(2) 자모지식: 자음소리

자음소리 검사지는 음가가 없는 'ㅇ'을 삭제하고 13개 기본 자음을 포함하도록 구성하였다. 한글의 모음은 이름과 소리가 일치하기 때문에 소리 검사에서 제외하였다.

3) 빠른 자동 이름대기 검사

빠른 자동 이름대기 검사는 아동이 장기기억에 저장된 시각적 자극에 대한 음운정보를 얼마나 빠르고 정확하게 산출하는지를 측정하기 위해 선행 검사(예: Comprehensive Test of Phonological Processing) 및 문헌(예: Denckla & Rudel, 1976)을 기반으로 (1) 글자, (2) 물체 두 개의 하위검사로 구성하였다. 검사는 1분 동안 실시되었으며, 아동이 연속하여 5문항에서 오반응하면 이를 중지점으로 보아 검사를 종료하였다. 각 문항의 응답은 정답은 1, 오답은 0으로 채점하여 하위검사별 총점을 산출하였다.

(1) 빠른 자동 이름대기: 글자

각 검사지는 아동들에게 친숙한 글자를 각각 5개씩 선택한 후, 각 항목이 20번씩 무작위로 반복되도록 구성하였다. 아동들에게 친숙한 글자를 선택하기 위해 사전 예비검사를 실시하여, 아동들이 가장 친숙하게 인식한 5개 글자(마, 바, 가, 라, 나)를 선택하여 검사지를 구성하였다. 아동이 제시한 글자의 이름을 올바르게 말하면 정답으로, 올바르지 않게 말하거나 생략하면 오답으로 처리하였다. 또한 아동이 3초 이상 대답하지 못하면 오답으로 처리하고 다음 문항으로 넘어가도록 하였다.

(2) 빠른 자동 이름대기: 물체

각 검사지는 아동들에게 친숙한 물체를 각각 5개씩 선택한 후, 각 항목이 20번씩 무작위로 반복되도록 구성하였다. 아동들에게 친숙한 물체를 선택하기 위해 사전 예비검사를 실시하여, 아동들이 가장 친숙하게 인식한 5개 물체(모자, 버스, 사과, 개미, 나비)를 선택하여 검사지를 구성하였다. 아동이 제시한 물체의 이름을 올바르게 말하면 정답으로, 올바르지 않게 말하거나 생략하면 오답으로 처리하였다. 또한 아동이 3초 이상 대답하지 못하면 오답으로 처리하고 다음 문항으로 넘어가도록 하였다.

4) 음운기억 검사

음운기억 검사는 단기기억과 작동기억 검사를 모두 포함하였다. 단기기억 검사로는 숫자 바로 따라하기 검사를 사용하였고, 작동기억 검사로는 숫자 거꾸로 따라하기를 사용하였다.

(1) 단기기억

단기기억 검사인 숫자 바로 따라하기 검사는 선행 검사(예: Comprehensive Test of Phonological Processing; K-WISC III) 및 선행문헌(김애화, 2006)을 기반으로 개발되었다. 숫자 바로 따라하기 검사는 검사자가 소리 내어 읽어 준 숫자들을 아동이 같은 순서로 정확히 따라하는 정도를 측정하도록 개발되었다. 검사문항은 1부터 9까지 수에서 무작위 표본 추출하여 제작한 일련의 숫자열로 구성되었다. 숫자열은 2개에서 9개의 숫자들로 구성되었고, 각 숫자열별로 2개 문항씩 총 16개 문항을 제작하였다. 각 숫자열별 2개 문항에서 모두 오반응하면 이를 중지점으로 보아 검사를 종료하고, 한 문항이라도 정반응하면 다음 숫자열 검사를 진행하였다. 각 문항의 응답은 정답은 1, 오답은 0으로 채점하여 총점을 산출하였다.

(2) 작동기억

본 연구에서는 숫자 거꾸로 따라하기와 읽기폭 검사를 작동기억 검사로 사용하였다. 숫자 거꾸로 따라하기 검사는 선행 검사(예: Comprehensive Test of Phonological Processing; K-WISC III) 및 문헌(김애화,

2006)을 기반으로 개발되었다. 숫자 거꾸로 따라하기 검사는 검사자가 소리 내어 읽어 준 숫자들을 아동이 거꾸로 정확히 따라하는 정도를 측정하도록 개발되었다. 검사문항은 1부터 9까지 수에서 무작위 표본 추출하여 제작한 일련의 숫자열로 구성되었다. 각 숫자열별 2개 문항에서 모두 오반응 하면 이를 중지점으로 보아 검사를 종료하고, 한 문항이라도 정반응을 하면 다음 숫자열 검사를 진행하였다. 각 문항의 응답은 정답은 1, 오답은 0으로 채점하여 총점을 산출하였다.

본 연구의 읽기폭 검사는 Daneman과 Carpenter(1980)의 읽기폭 과제를 기반으로 고선희, 최경순, 황민아(2008)가 개발한 검사를 사용하였다. 읽기폭 검사는 아동들이 한 세트에 포함된 문장들을 소리 내어 읽으면서 동시에 문장의 마지막 단어를 기억하도록 개발되었다. 문장은 3어절의 마지막 단어를 수식하는 관형구 형태로 제작하였다(예: 손가락에 끼는 반지). 취학 전 및 초등학교 아동의 어휘 수준을 고려하여 김광해(2003)의 1등급 어휘이면서 발달 초기에 습득되는 M-B CDI-K(배소영 · 곽금주, 2007)에 수록된 어휘를 활용하여 문항을 구성하였다. 검사문항은 20개의 문장세트로 구성하였다. 각 문장세트는 두 개에서 다섯 개까지의 문장들을 포함하였는데, 두 개의 문장으로 구성된 세트는 2문장 수준에 해당한다. 2, 3, 4, 5문장 수준 각각 5세트씩 총 20개 세트가 구성되었다. 〈표 3-3〉은 읽기폭 검사의 예시 문항이다. 아동이 각 문장 수준의 5세트 중에서 3세트 이상 정반응을 보이면 다음 문장 수준을 실시하였으며, 그렇지 않을 경우는 중지점으로 보아 검사를 종료하였다. 점수는 각 문장 수준 내 한 세트에 포함된 모든 목표 단어를 순서에 관계없이 정확하게 회상하였으면 1점을 주었고, 한 세트 내 모든 목표 단어들 중 하나라도 정확하게 말하지 못하면 0점을 주었다. 이와 같은 방법으로 각 문항의 응답은 정답

〈표 3-3〉 읽기폭 검사의 예시 문항

〈두 문장 수준〉	〈세 문장 수준〉
손가락에 끼는 반지 주사를 놓는 간호사	유모차를 타는 아기 빨래를 하는 세탁기 밥을 담는 그릇
〈네 문장 수준〉	〈다섯 문장 수준〉
마트에서 산 과자 주렁주렁 열린 포도 교실에 있는 책상 데굴데굴 구르는 공	청소를 하는 엄마 졸졸 흐르는 물 공책을 넣는 가방 쌩쌩 부는 바람 얼굴을 닦는 수건

은 1, 오답은 0으로 채점하여 총점을 산출하였다.

5) 단어인지 검사

본 연구에서 단어인지를 측정하는 검사로는 연구자가 개발한 단어인지 검사와 KISE 기초학력검사—음독 검사가 사용되었다.

(1) 연구자 개발 단어인지 검사

연구자가 개발한 단어인지 검사는 선행문헌(이광오, 1996; Landerl, Wimmer, & Frith, 1997; Wurm & Samuel, 1997)을 기반으로 6개 하위검사로 구성되었다: (1) 고빈도 규칙 의미 단어, (2) 고빈도 음운변동 의미 단어, (3) 저빈도 규칙 의미 단어, (4) 저빈도 음운변동 의미 단어, (5) 무의미 규칙 단어, (6) 무의미 음운변동 단어. 〈표 3-4〉는 각 하위검사별 예시 문항이다. 각 하위검사는 단어의 빈도, 어휘 수준, 어휘 친숙도 등을 고려하여 개발하였다. 각 문항의 응답은 정답은 1, 오답은 0으로 채점하여 각 하위검사별 총점을 산출하였다. 본 연구의

〈표 3-4〉 단어인지 검사의 예시 문항

	고빈도	저빈도	무의미 단어
규칙	크다 선풍기 조용하다	관념 성하다 발췌하다	포순 개매다 섬보이다
음운변동	국민(궁민) 옮기다(옴기다) 일어나다(이러나다)	촉매(총매) 삭히다(사키다) 가당찮다(가당찬타)	푼래(풀래) 닿았다(다앧따) 창림하다(창님하다)

단어인지 검사는 단어의 빈도, 어휘 수준, 어휘 친숙도 등을 고려하여 개발하였으며, 구체적인 개발과정은 다음과 같다.

① 의미 단어

고빈도 규칙 의미 단어, 고빈도 음운변동 단어, 저빈도 규칙 의미 단어, 저빈도 음운변동 의미 단어 검사의 개발 절차는 다음과 같다. 첫째, 규칙 단어는 낱자–소리 대응관계가 투명한 단어로 구성하되, 평음 초성, 격음 초성, 경음 초성, 종성, 단모음, 이중모음, 겹받침 등이 포함되도록 하였다. 음운변동 단어는 음절 끝소리 규칙(7종성, 연음법칙), 자음동화(장애음의 비음화, 설측음의 비음화, 설측음화, 구개음화, 된소리되기), 축약, ㅎ 탈락, ㄴ 첨가, 겹받침 등이 포함되도록 구성하였다.

둘째, 강범모, 김흥규(2004)와 김광해(2003)의 어휘 자료를 분석하여, 고빈도(규칙 단어 138개, 음운변동 단어 94개)와 저빈도 단어(규칙 단어 118개, 음운변동 단어 112개)를 구분하였다. 이때 한국 맞춤법 규정의 표준 발음법 규칙을 확인하여 규칙 단어와 음운변동 단어를 구분하였으며, 각 단어의 표준발음을 확인하였다.

셋째, 초등학생과 대학생을 대상으로 2단계에서 산출된 단어들의 어휘 친숙도를 평가하였다. 친숙도 정도는 초등학생의 경우 5점(1점–친숙도가 매우 낮음, 5점–친숙도가 매우 높음), 대학생의 경우 7점(1점–친숙도가 매우 낮음, 7점—친숙도가 매우 높음) 척도를 사용하였다. 단어친숙도 평가 결과 고빈도와 저빈도 단어의 친숙도에 차이가 있었음을 확인할 수 있었다. 또한 고빈도 규칙 단어와 음운변동 단어 간 그리고 저빈도 규칙 단어와 음운변동 단어 간 친숙도에 차이가 없었음을 확인할 수 있었다. 단어친숙도 평가 결과를 바탕으로 각 검사별 50단어를 선정하였다. 이때 고빈도 단어의 경우 친숙도가 높은 순서대로 정렬하여 상위 50개 단어를 선정하였고, 저빈도 단어의 경우 친숙도가 낮은 순서대로 정렬하여 하위 50개 단어를 선정하였다.

넷째, 3단계에서 산출된 단어의 음운변동 및 품사 비율이 선행문헌에서 보고된 한국어 음운변동(이상민, 1992), 품사 비율(정성미, 2002; 김상순, 1995; 김저옥, 2004; 임오심, 2002; 김기서, 1992)과 비슷한지를 확인하였다. 그 결과 단어들의 품사 비율과 음운변동 비율은 선행문헌에서 보고한 비율과 크게 다르지 않은 것을 확인할 수 있었다. 품사 비율을 보면, 명사의 비율이 가장 높고, 그 다음으로 동사의 비율을 높게 하였으며, 그 다음으로 형용사와 부사의 비율은 비슷하게 구성하였다. 음운변동 비율은 고빈도 단어, 저빈도 단어, 무의미 단어 사이에 다소 차이를 보였지만, 전반적으로 된소리되기(22~38%)와 연음(15~28%) 비율이 높고, 비음화(9~22%), 축약(7~20%), 7종성(6~14%)이 그 뒤를 따르는 것으로 나타났다. 이상의 단계를 거쳐 각 검사별 최종 50문항이 선정되었다.

② 무의미 단어

무의미 규칙 단어와 무의미 음운변동 단어의 검사 개발 절차는 다음과 같다.

첫째, 선행문헌을 근거로 하여 의미 단어의 하나 또는 그 이상의 음소를 대치함으로써 무의미 단어를 만든 방법을 적용하였다(Landerl, Wimmer, & Frith, 1997; Wurm & Samuel, 1997). 위에서 언급한 의미 단어 검사 개발 과정에서 사용하였던 고빈도 규칙(138개), 고빈도 음운변동(94개), 저빈도 규칙(118개), 저빈도 음운변동(112개) 단어를 활용하여 하나 또는 두 개의 음소를 다른 음소를 대치함으로써 무의미 단어를 제작하였다.

둘째, 초성, 중성, 종성 단어 변경에 따른 난이도 차이, 하나의 음절에만 변화를 주는 경우와 두 개의 음절에 변화를 주는 경우의 차이, 고빈도와 저빈도 단어에 따른 차이가 나타나는지를 사전검사를 통해 확인하였다. 사전 예비검사를 실시한 결과, 초성, 중성, 종성 변경에 따른 난이도 차이 및 하나의 음절에만 변화를 주는 경우와 두 개의 음절에 변화를 주는 경우의 차이가 거의 없는 것으로 나타났다. 또한 고빈도 단어와 저빈도 단어에 따른 난이도 차이도 거의 나타나지 않는 것으로 나타났다.

따라서 본 연구에서는 초성, 중성, 종성 변경 비율, 하나의 음절과 두 개의 음절에 변화를 주는 비율, 고빈도와 저빈도 단어의 비율 등을 동일하게 적용하였다. 첫 음절에만 변화를 주는 경우 33%, 둘째 음절만 변화를 주는 경우(3음절, 4음절 단어의 경우에도 둘째 음절까지만 변화를 주는 것으로 함) 33%, 첫 음절과 둘째 음절 모두 변화를 주는 경우 33%로 구성하였다. 음절 내에서도 초성에 변화를 주는 경우 33%, 중성 변화를 주는 경우 33%, 종성에 변화를 주는 경우 33%로 하였다.

또한 음소를 대치하여 무의미 단어를 제작할 때, 다음의 사항을 고려하였다: (1) 음소를 대치한 후 의미 단어가 되지 않도록 제작, (2) 음운변동 단어의 경우 무의미 단어로 바뀐 후에도 동일한 음운변동 규칙이 그대로 적용되도록 제작, (3) 자음의 경우 조음방법과 조음위치가 같은 음소로 대치하였으며, 모음의 경우 횡모음은 횡모음으로 대치하고 종모음이면 종모음으로 대치하여 제작하였다.

이상의 과정을 통해 제작된 문항 중, 의미 단어 검사에 사용된 단어를 제외하고, 위의 조건을 만족시키는 무의미 규칙 단어와 무의미 음운변동 단어를 각각 50개씩 최종 선정하였다.

(2) KISE 기초학력검사-음독 검사

KISE 기초학력검사-음독 검사는 낱자 읽기, 낱말 읽기, 문장 읽기 등으로 구성되어 있으며, 각 문항의 응답은 정답은 1, 오답은 0으로 채점하여 총점을 산출하였다.

3. 검사자 훈련 및 자료수집 절차

본 연구의 검사자는 대학원에서 특수교육을 전공하고 있는 대학원생으로 구성되었다. 검사의 신뢰도를 높이기 위하여 검사자들에게 검사 절차 및 실시 방법에 관한 훈련을 실시하였다. 훈련의 내용은 검사 소개, 검사 실시 방법 및 지침, 채점 방법 등으로 구성하였다. 본 연구자가 구체적인 검사 실시 방법을 시범 보인 후, 검사자들은 짝을 이루어 검사자와 피검사자의 역할을 바꾸어 가며 검사 실시 방법을 연습하였다. 본 연구자는 이 과정을 관찰하며 필요할 경우 문제점을 지적하고 토론하였다. 검사자 훈련 후 검사 실시 및 채점에 관한 신뢰도를 확인한 결과, 평균 97%로 높게 나타났다.

훈련을 받은 검사자는 연구에 참여한 아동들에게 모든 검사를 개별적으로 실시하였다. 개별검사는 아동이 재학하고 있는 어린이집과 유치원에서 일과가 진행되는 동안에 이루어졌으며, 검사자가 아동을 한 명씩 독립된 공간으로 데리고 와서 검사를 실시하였다. 검사자 변인을 최소화하기 위해 미리 제작된 지시문에 따라 검사를 실시하였으며, 검사 실시에 앞서 연습문항을 통해 아동들이 검사 진행을 이해할 수 있도록 하였다.

4. 자료분석 방법

각 연령집단 별로 읽기과제 수행수준의 분포를 확인하기 위하여 기술통계치(최댓값, 평균, 표준편차, 왜도)를 산출하였으며, 각 소검사 간의 상관관계를 분석하였다.

또한 연령별로 추적연도의 읽기능력 준거변인에 대한 1차연도 읽기 관련 예측변인들의 영향력을 탐색하기 위하여 중다회귀분석 방법을 적용하였다. 이를 위하여 먼저 이론적 고찰(서론 참조)을 통해 설정한 두 개의 각 기초모형에서 예측변인으로 상정된 독립변인 중 종속변인과의 상관계수가 통계적으로 유의미한 변인들을 회귀모형에 투입하고, 이에 대하여 단계적 회귀분석 방법을 실시함으로써 각 투입변인들의 추가적인 설명량의 통계적 유의성을 검증하고자 하였다. 또한 각 단계 모형별로 예측변인의 회귀계수를 비교함으로써 예측변인들의 준거변인에 대한 영향력을 비교하고자 하였다. 더불어 독립변인

간 상관관계가 높을 경우 발생할 수 있는 다중공선성 문제를 확인하기 위하여 VIF 지수를 확인한 결과, 본 연구에서 설정한 모든 회귀모형에서 각 변인들의 VIF는 2 미만으로 다중공선성의 가능성은 매우 낮은 것으로 판단할 수 있다. 이와 같은 통계분석 절차에 사용된 프로그램은 SPSS 17.0이다.

1) 가설 모형

가설 모형은 종속변인이 단어인지(모형 1, 2)일 때의 예측변인을 설정하였다. 모든 종속변인 검사는 예측변인을 측정한 1년 후인 2차 검사 시 측정하였으며, 예측변인은 1년 전인 1차 검사 시 측정하였다.

① 모형 1: 단어인지(2차 연구자 개발 단어인지) = β_0 + β_1(1차 음운인식) + β_2(1차 자모이름) + β_3(1차 자모소리) + β_4(1차 빠른 자동이름대기) + β_5(1차 단기기억) + β_6(1차 작동기억)

② 모형 2: 단어인지(2차 KISE 기초학력검사–음독) = β_0 + β_1(1차 음운인식) + β_2(1차 자모이름) + β_3(1차 자모소리) + β_4(1차 빠른 자동 이름대기) + β_5(1차 단기기억) + β_6(1차 작동기억)

5. 연구 결과

1) 기술통계와 변인 간 상관관계

연구모형을 분석하기에 앞서 기초작업으로 본 연구에 참여한 아동에게 실시된 읽기 관련 소검사들의 평균, 표준편차, 최댓값, 최솟값을 산출하였다. 또한 본 연구에 사용된 소검사들의 정규분포 가정을 확인하기 위하여 각 연령별 소검사들의 첨도와 왜도를 검토하였으며, 그 결과는 〈표 3-5〉에 제시된 바와 같다. 5세 아동의 경우 음운인식의 평균이 37.582(SD=12.257)였으며, 6세 아동의 경우는 61.067(SD=14.657)이었다. 자모이름의 경우에 5세 아동은 평균이 17.349(SD=17.349), 6세 아동의 경우는 6.816(SD=7.732)으로 나타났다. 자모소리의 경우 5세 아동은 평균 1.233(SD=3.277), 6세 아동은 4.439(SD=5.370)였다. 빠른 자동 이름대기의 경우에는 5세 아동의 최솟값은 15점이었으며 평균은 90.055(SD=38.927)였고, 6세 아동의 최솟값은 52점이었으며 평균은 139.146(SD=38.121)이었다. 단기기억의 경우 5세 아동은 최솟값이 0점이고, 평균이 6.231(SD=2.675)이었으며, 6세 아동은 최솟값이 4점이고, 평균은 8.137(SD=2.094)이었다. 작동기억의 경우에는 5세 아동의 최댓값은 3점이고, 평균은 0.615(SD=0.986)였으며, 6세 아동의 최댓값은 11점이고 평균은 4.787(SD=3.062)로 나타났다. 2차연도 측정치인 단어인지는 5세 아동의 경우 평균이 114.220(SD=55.794), 6세 아동의 경우에는 평균이 159.915(SD=48.382)였다. KISE 기초학력검사—음독 검사는 5세 아동의 경우 평균이 4.934(SD=0.718)였으며 6세 아동의 경우에는 평균이 14.820(SD=6.206)

〈표 3-5〉 연구변인들의 연령별 기술통계치

변인		6세 → 7세						5세 → 6세					
		최솟값	최댓값	평균	표준편차	왜도	첨도	최솟값	최댓값	평균	표준편차	왜도	첨도
1차연도	음운인식	22	114	61.067	14.657	.391	1.594	10	74	37.582	12.257	.456	.507
	자모이름	0	26	17.349	8.027	−1.042	− .241	0	26	6.816	7.732	1.148	.103
	자모소리	0	13	4.439	5.370	.712	−1.336	0	13	1.233	3.277	2.978	7.674
	빠른 자동 이름대기	52	231	139.146	38.121	− .208	− .099	15	201	90.055	38.927	.869	.451
	단기기억	4	13	8.157	2.094	.296	− .399	0	14	6.231	2.675	.488	.619
	작동기억	0	11	4.787	3.062	.117	− .906	0	3	.615	.986	1.198	− .127
2차연도	단어인지	21	226	159.915	48.382	−1.284	1.354	19	207	114.220	55.794	− .148	−1.222
	KISE 기초학력검사-음독	0	24	14.820	6.206	− .630	− .772	0	19	7.091	4.934	.718	− .444

〈표 3-6〉 변인 간 상관관계

	1.	2.	3.	4.	5.	6.	7.	8.	9.	10.	11.	12.	13.	14.	15.
1차연도 음운인식	1	.473**	.449**	.567**	.300**	.606**	.540**	–	.417**	.475**	.363*	.536**	.525**	.452**	.310*
1차연도 자모이름	.417**	1	.586**	.605**	.302**	.311**	.445**	–	.356*	.429**	.478**	.555**	.389*	.395*	.454**
1차연도 자모소리	.312**	.427**	1	.439**	-.008	.378**	.266*	–	.433**	.384*	.378*	.469**	.312	.274	.184
1차연도 빠른 자동 이름대기	.594**	.575**	.429**	1	.135	.450**	.298**	–	.367*	.249	.466**	.571**	.459**	.334	.431**
1차연도 단기기억	.386**	.280*	.145	.339**	1	.270**	.479**	–	.049	.324*	.005	.030	.315	.531**	.057
1차연도 작동기억	.657**	.601**	.440**	.664**	.480**	1	.485**	–	.393**	.412**	.245	.337*	.450**	.254	.223
2차연도 단어인지	.556**	.664**	.293*	.658**	.369**	.651**	.500**	.743**	.745**	.388**	1	.772**	.802**	.664**	.443**
2차연도 KISE 기초학력검사-음독	.620**	.629**	.282*	.593**	.372**	.714**	.633**	.516**	.656**	.475**	.724**	1	.661**	.499**	.539**

참고: 대각선 왼쪽 하단은 6세 →7세의 결과이고, 오른쪽 상단은 5세 →6세의 결과임.

으로 나타났다. 두 연령 집단 모두 왜도는 3 미만이었으며, 첨도는 5세 아동의 1차연도 자모소리(7.674)를 제외하고는 모두 3 미만이었다. 한편 본 연구에서 투입된 변인들 간의 상관은 〈표 3-6〉에 제시된 바와 같다.

2) 연령별 추적연도 단어인지 능력 설명변인 탐색

본 연구는 취학 전 아동의 단어인지 능력을 가장 잘 설명하는 읽기관련 변인들이 어떤 것인지를 확인하고자 하였다. 이를 위해 선행연구에 기초하여 회귀모형을 설정하였다.

먼저 첫 번째 회귀모형은 2차연도에 측정한 단어인지(연구자 개발 단어인지 검사)를 준거변인으로 하고, 기초모형에서는 1차연도에 측정한 음운인식, 자모이름, 자모소리, 빠른 자동 이름대기, 단기기억, 작동기억을 예측변인으로 한다. 이 중 종속변인과 상관관계가 통계적으로 유의미한 독립변인을 회귀모형에 투입하여 단계적 회귀분석을 실시하였다.

그 결과는 〈표 3-7〉에 제시된 바와 같다. 7세 아동의 경우(6세→7세)에는 기초모형 중에서 모든 예측변인이 종속변인과의 상관계수가 통계적으로 유의미하여 예측변인으로는 기초모형에서 설정한 6개의 독립변인을 모두 회귀분석모형에 투입하였다. 최종적으로 자모이름(β=.427), 빠른 자동 이름대기(β=.280), 단기기억(β=.212), 음운인식(β=.196)의 순서로 투입된 회귀모형이 통계적으로 유의하였고(F=23.008, p<.001), 이는 7세 아동의 2차연도 단어인지 변량의 64.3%를 설명하는 것으로 나타났다.

한편 6세의 경우(5세→6세)에는 기초모형에서 1차연도 단기기억과

〈표 3-7〉 2차연도 연구자 개발 단어인지 검사를 종속변인으로 하는 1차연도 읽기 관련 변인들의 단계적 중다회귀분석 결과

	모형	투입된 변인	R^2	$adj.R^2$	ΔR^2	S.E.	β	VIF
6세→7세	1	1차 자모이름	.440***	.430	.440***	.573	.664***	1.000
	2	1차 자모이름	.554***	.537	.113**	.614	.446***	1.416
		1차 작동기억				1.659	.401**	1.416
	3	1차 자모이름	.599***	.575	.045*	.607	.382**	1.509
		1차 작동기억				1.722	.295*	1.664
		1차 빠른 자동 이름대기				.147	.260*	1.505
	4	1차 자모이름	.634***	.605	.035*	.586	.391***	1.511
		1차 작동기억				1.805	.192	1.965
		1차 빠른 자동 이름대기				.142	.272*	1.510
		1차 단기기억				2.046	.210*	1.244
	5	1차 자모이름	.615***	.593	-.019	.552	.454***	1.301
		1차 빠른 자동 이름대기				.134	.335*	1.297
		1차 단기기억				1.912	.270*	1.053
	6	1차 자모이름	.643***	.615	.028	.542	.427***	1.326
		1차 빠른 자동 이름대기				.135	.280**	1.402
		1차 단기기억				1.961	.212*	1.172
		1차 음운인식				.326	.196*	1.360
5세→6세	1	1차 자모이름	.221**	.197	.221**	1.108	.470**	1.000

6세 → 7세 회귀분석모형: 2차연도 단어인지 = β_0 + β_1(1차 음운인식) + β_2(1차 자모이름) + β_3(1차 자모소리) + β_4(1차 빠른 자동 이름대기) + β_5(1차 단기기억) + β_6(1차 작동기억)

5세 → 6세 회귀분석모형: 2차연도 단어인지 = β_0 + β_1(1차 음운인식) + β_2(1차 자모이름) + β_3(1차 자모소리) + β_4(1차 빠른 자동 이름대기)

참고: 종속변인과 상관관계가 유의미한 독립변인을 투입함. 변인투입방법은 단계선택(stepwise selection)이며, 기준은 입력할 F의 확률 ≤.05, 제거할 F의 확률 ≥.10임.

작동기억이 종속변인과의 상관계수가 통계적으로 유의미하지 않아 회귀분석모형에서는 제외하였고, 1차연도에 측정한 음운인식, 자모이름, 자모소리, 빠른 자동 이름대기를 회귀모형에 투입하였다. 최종적으로는 1차연도 자모이름(β=.470)만으로 구성된 회귀모형이 통계적

으로 유의미하였고(F=9.367, p<.01), 이는 6세 아동의 2차연도 단어 인지 변량의 22.1%를 설명하는 것으로 나타났다.

두 번째 회귀모형은 2차연도에 측정한 단어인지(KISE 기초학력검사–음독)를 준거변인으로 하고, 기초모형에서는 1차연도에 측정한 음운인식, 자모이름, 자모소리, 빠른 자동 이름대기, 단기기억, 작동기억을 예측변인으로 한다. 이 중 종속변인과 상관관계가 통계적으로 유의미한 독립변인을 회귀모형에 투입하여 단계적 회귀분석을 실시하였다.

그 결과는 〈표 3-8〉에 제시된 바와 같다. 7세 아동의 경우(6세→7세)에는 기초모형 중에서 모든 예측변인이 종속변인과의 상관계수가

〈표 3-8〉 2차연도 KISE 기초학력검사–음독을 종속변인으로 하는 1차연도 읽기 관련 변인들의 중다회귀분석 결과

	모형	투입된 변인	R^2	$adj.R^2$	ΔR^2	S.E.	β	VIF
6세→7세	1	1차 작동기억	.463***	.454	.463***	.194	.681***	1.000
	2	1차 작동기억	.541***	.524	.077**	.226	.474***	1.553
		1차 자모이름				.083	.347**	1.553
	3	1차 작동기억	.586***	.563	.046*	.242	.342**	1.933
		1차 자모이름				.079	.324**	1.564
		1차 음운인식				.045	.259*	1.468
5세→6세	1	1차 빠른 자동 이름대기	.302***	.285	.302***	.019	.549***	1.000
	2	1차 빠른 자동 이름대기	.375***	.345	.074*	.113	.341*	1.573
		1차 자모이름				.023	.343*	1.573

6세→7세 회귀분석모형: 2차연도 KISE 기초학력검사–음독 = β_0 + β_1(1차 음운인식) + β_2(1차 자모이름) + β_3(1차 자모소리) + β_4(1차 빠른 자동 이름대기) + β_5(1차 단기기억) + β_6(1차 작동기억)

5세→6세 회귀분석모형: 2차연도 KISE 기초학력검사–음독 = β_0 + β_1(1차 음운인식) + β_2(1차 자모이름) + β_3(1차 자모소리) + β_4(1차 빠른 자동 이름대기) + β_5(1차 작동기억)

참고: 종속변인과 상관관계가 유의미한 독립변인을 투입함. 변인투입방법은 단계선택(stepwise selection)이며, 기준은 입력할 F의 확률 ≤.05, 제거할 F의 확률 ≥.10임.

통계적으로 유의미하여 예측변인으로 기초모형의 6개 독립변인을 모두 회귀분석모형에 투입하였다. 최종적으로 작동기억(β=.342), 자모이름(β=.324), 음운인식(β=.259)의 순서로 투입된 회귀모형이 통계적으로 유의하였고(F=25.029, p<.001), 이는 7세 아동의 2차연도 KISE 기초학력검사-음독 변량의 58.6%를 설명하는 것으로 나타났다.

한편, 6세 아동의 경우(5세→6세)에는 기초모형에서 1차연도 단기기억은 종속변인과의 상관계수가 통계적으로 유의미하지 않아서 회귀분석모형에서 제외하여 1차연도에 측정한 음운인식, 자모이름, 자모소리, 빠른 자동 이름대기, 작동기억이 회귀모형에 투입되었다. 최종적으로는 1차연도 빠른 자동 이름대기(β=.341), 자모이름(β=.343)으로 구성된 회귀모형이 통계적으로 유의미하였고(F=12.325, p<.001), 6세 아동의 최종모형은 2차연도 KISE 기초학력검사-음독 변량의 37.5%를 설명하는 것으로 나타났다.

제4장

표준화 연구 실시 방법 및 연구 결과

1. 연구 대상
2. 측정 도구
3. 검사자 훈련 및 자료수집 절차
4. 자료분석 방법
5. 연구 결과

제4장 표준화 연구 실시 방법 및 연구 결과

1. 연구 대상

표준화 검사는 서울, 경기도, 인천광역시, 광주광역시, 전라남도 지역 내 어린이집, 유치원, 초등학교에 재학 중인 만 4세 0개월부터 7세 11개월 아동 총 405명을 대상으로 하였다. 어린이집과 유치원 아동의 경우 어린이집 및 유치원 측의 협조를 얻어 해당 연령의 원생 전원에게 본 연구의 검사들을 실시하였다. 또한 초등학교 아동들은 학교 측의 협조를 얻어 각 학교의 1학년 학급 중 1개 반을 임의로 선정하여 그 반의 모든 아동에게 본 연구의 검사들을 실시하였다.

〈표 4-1〉 연구 대상의 학년별, 지역별, 성별 분포

학 년	성별	지 역			전체 합계
		서울	경기 및 인천광역시	전라남도 및 광주광역시	
만 4세 0개월 ~4세 11개월	남	24	16	17	57
	여	30	18	12	60
	합계	54	34	29	117
만 5세 0개월 ~5세 11개월	남	29	18	23	70
	여	24	13	16	54
	합계	53	31	39	123
만 6세 0개월 ~6세 11개월	남	16	11	19	46
	여	15	10	13	38
	합계	31	21	32	84
만 7세 0개월 ~7세 11개월	남	0	26	14	40
	여	0	26	15	41
	합계	0	52	29	81
전체 합계		138	138	129	405

2. 측정 도구

본 조기 읽기 검사는 음운인식 검사, 자모지식 검사, 빠른 자동 이름대기 검사, 음운기억 검사로 구성하였다. 또한 공인타당도를 검증하기 위해 KISE 기초학력검사—음독 검사가 사용되었다. 하지만 KISE 기초학력검사—음독 검사는 만 5세부터 측정가능하기 때문에, 본 연구에 포함된 만 4세 아동에게는 실시하지 않았다. 〈표 4-2〉는 표준화 검사 시 각 연령별로 실시한 검사를 제시하고 있다.

〈표 4-2〉 연령별 실시 검사

	만 4세 0개월 ~4세 11개월	만 5세 0개월 ~5세 11개월	만 6세 0개월 ~6세 11개월	만 7세 0개월 ~7세 11개월
음운인식 검사	9개 하위검사 실시 • 음절변별 • 음절분리 • 음절합성 • 음절분절 • 음절탈락 • 음절대치 • 초성-각운변별 • 음절체-종성변별 • 음소변별 • 음소분리 • 음소합성 • 음소분절 • 음소탈락 • 음소대치	18개 하위검사 모두 실시 • 음절변별 • 음절분리 • 음절합성 • 음절분절 • 음절탈락 • 음절대치 • 초성-각운변별 • 초성-각운합성 • 초성-각운분절 • 음절체-종성변별 • 음절체-종성합성 • 음절체-종성분절 • 음소변별 • 음소분리 • 음소합성 • 음소분절 • 음소탈락 • 음소대치	18개 하위검사 모두 실시 • 음절변별 • 음절분리 • 음절합성 • 음절분절 • 음절탈락 • 음절대치 • 초성-각운변별 • 초성-각운합성 • 초성-각운분절 • 음절체-종성변별 • 음절체-종성합성 • 음절체-종성분절 • 음소변별 • 음소분리 • 음소합성 • 음소분절 • 음소탈락 • 음소대치	18개 하위검사 모두 실시 • 음절변별 • 음절분리 • 음절합성 • 음절분절 • 음절탈락 • 음절대치 • 초성-각운변별 • 초성-각운합성 • 초성-각운분절 • 음절체-종성변별 • 음절체-종성합성 • 음절체-종성분절 • 음소변별 • 음소분리 • 음소합성 • 음소분절 • 음소탈락 • 음소대치
자모지식 검사	3개 하위검사 모두 실시 • 자음이름 • 모음이름 • 자음소리	3개 하위검사 모두 실시 • 자음이름 • 모음이름 • 자음소리	3개 하위검사 모두 실시 • 자음이름 • 모음이름 • 자음소리	3개 하위검사 모두 실시 • 자음이름 • 모음이름 • 자음소리
빠른 자동 이름대기 검사	2개 하위검사 모두 실시 • 글자 • 물체	2개 하위검사 모두 실시 • 글자 • 물체	2개 하위검사 모두 실시 • 글자 • 물체	2개 하위검사 모두 실시 • 글자 • 물체
음운기억 검사	2개 하위검사 모두 실시 • 단기기억 • 작동기억	2개 하위검사 모두 실시 • 단기기억 • 작동기억	2개 하위검사 모두 실시 • 단기기억 • 작동기억	2개 하위검사 모두 실시 • 단기기억 • 작동기억
KISE 기초학력 검사-음독	실시하지 않음	실시	실시	실시

1) 음운인식 검사

본 음운인식 검사는 다음과 같이 개발되었다. 첫째, 국내외 선행 음운인식 검사들을 비교 분석한 결과를 바탕으로 포괄적인 음운인식 검사(comprehensive assessment of phonological awareness)를 개발하고자 하였다. 포괄적인 음운인식 검사는 다양한 음운인식 단위(음절인식, 초성-각운인식, 음절체-종성인식, 음소인식)와 음운인식 과제유형(변별, 분리, 합성, 분절, 탈락, 대치)을 하위검사로 포함한 음운인식 검사를 의미한다.

본 음운인식 검사를 개발하기 위해 국내 음운인식 관련 선행문헌에서 사용한 음운인식 검사(24편), 영어권 선행 음운인식 검사(6개 검사), 영어권 음운인식 관련 선행문헌에서 사용한 음운인식 검사(8편), 표층 표기 체계 언어권 음운인식 관련 선행문헌에서 사용한 음운인식 검사(16편)를 비교 분석하였다. 국내외 선행 검사들 간의 대표적인 공통점으로는 음소인식 과제를 가장 많이 포함(특히 음소변별, 음소합성, 음소탈락)하고 있다는 점을 들 수 있다. 이에 비해 국내 음운인식 검사가 외국 검사와 비교하였을 때 대표적인 차이점은 음절인식 과제가 음소인식 과제와 비슷한 비율로 포함되었다는 점, 초성-각운뿐 아니라 음절체-종성 과제가 포함되었다는 점, 그리고 분절 및 분리 과제(음절 분절, 음절 분리, 음소 분절, 음소 분리)가 포함되지 않았다는 점을 들 수 있다. 〈부록 A〉는 음운인식 검사의 예를 제시하고 있다.

본 연구에서는 국내 음운인식 검사에 사용되었던 하위검사들을 가능한 한 모두 포함하는 것을 기본으로 하고, 추가적으로 외국 음운인식 검사에 빈번하게 사용되는 하위검사들(예: 분절, 분리)을 포함하였다. 또한 음운인식 단위별(예: 음절인식과 음소인식, 초성-각운인식과 음절체-종성인식)로 동일한 과제유형이 포함되도록 구성하였다. 이러한 과정을 통해 총 18개 하위검사로 구성된 음운인식 검사를 개발하였다.

구체적으로 살펴보면 음절인식 과제로는 음절변별, 음절분리, 음절합성, 음절분절, 음절탈락, 음절대치가 포함되었고, 초성-각운인식 과제로는 초성-각운변별, 초성-각운합성, 초성-각운분절이 포함되었다. 음절체-종성인식 과제로는 음절체-종성변별, 음절체-종성합성, 음절체-종성분절이 포함되었으며, 음소인식 과제로는 음소변별, 음소분리, 음소합성, 음소분절, 음소탈락, 음소대치가 포함되었다(〈표 4-3〉의 예시 문항 참조). 하지만 만 4세의 경우에는 선행문헌에서 바닥효과(floor effect)가 나타난다고 보고되었다. 따라서 초성-각운합성, 초성-각운분절, 음절체-종성합성, 음절체-종성분절, 음소분리, 음소합성, 음소분절, 음소탈락, 음소대치는 실시하지 않았다.

본 음운인식 검사는 국내외 음운인식 검사를 분석한 결과를 바탕으로 다음 사항들을 반영하여 개발되었다. 첫째, 음절과제 검사문항은 2음절과 3음절 단어를 포함하여 구성하였다. 둘째, 음절분리, 음절탈락, 음절대치 검사문항은 2음절의 경우 첫소리와 끝소리 분리, 탈락, 대치가 포함되도록 구성하였으며, 3음절의 경우 첫소리, 가운뎃소리, 끝소리 분리, 탈락, 대치가 포함되도록 구성하였다. 셋째, 초성-각운과 음절체-종성 과제는 자음-모음-자음(Consonant-Vowel-Consonant[CVC])으로 이루어진 1음절 단어를 사용하여 검사문항을 구성하였다. 넷째, 음소 과제는 자음-모음(Consonant-Vowel[CV])으로 이루어진 1음절 단어와 자음-모음-자음(CVC)으로 이루어진 1음절 단어를 포함하여 검사문항을 구성하였다. 다섯째, 음소분리와 대치 과제의 경우 첫소리, 가운뎃소리, 끝소리 분리 및 대치가 포함되도록 구성하였으며, 음소 탈락의 경우에는 중성 모음은 탈락시킬 수 없기 때문에 첫소리, 끝소리 탈락이 포함되도록 구성하였다. 여섯째, 변별과제의 경우 국

〈표 4-3〉 음운인식 검사의 하위검사별 예시 문항

음운인식 하위검사명		예시 문항
음절 (syllable)	변별 (sound matching)	- 앞에 있는 종이에 그림들이 있어요. ('사자, 두부, 버섯, 고추' 그림을 각각 손으로 짚으면서) 이 그림은 '사자, 두부, 버섯, 고추'예요. ○○가 /두/로 시작하는 그림을 찾으세요. [답: 두부]
	분리 (isolation)	- 선생님을 따라하세요. /고추/ (아동이 /고추/라고 말한다) /고추/에서 첫소리가 무엇이죠? [답: 고] - 선생님을 따라하세요. /다리미/ (아동이 '다리미'라고 말한다) /다리미/에서 가운뎃소리가 무엇이죠? [답: 리]
	합성 (blending)	- 선생님이 단어를 따로따로 나눠서 말할 거예요. 그러면 ○○가 듣고, 합쳐서 말하는 거예요. /사-자/ [답: 사자] - 선생님이 단어를 따로따로 나눠서 말할 거예요. 그러면, ○○가 듣고, 합쳐서 말하는 거예요. /지-우-개/ [답: 지우개]
	분절 (segmenting)	- 선생님을 따라하세요. /두부/ (아동이 /두부/라고 따라한다) 이번에는 ○○가 /두부/를 따로따로 나눠서 말해주세요. [답: 두-부] - 선생님을 따라하세요. /고양이/ (아동이 /고양이/라고 따라한다) 이번에는 ○○가 /고양이/를 따로따로 나눠서 말해주세요. [답: 고-양-이]
	탈락 (deletion)	- 선생님을 따라하세요. /고추/ (아동이 '고추'라고 따라한다) 이번에는 /고/를 빼고 말해보세요. [답: 추] - 선생님을 따라하세요. /자전거/ (아동이 '자전거'라고 따라한다) 이번에는 /거/를 빼고 말해보세요. [답: 자전]
	대치 (substitution)	- 선생님을 따라하세요. /공부/ (아동이 '공부'라고 따라한다) 이번에는 /부/를 /기/로 바꾸어 말해보세요. [답: 공기] - 선생님을 따라하세요. /무지개/ (아동이 '무지개'라고 따라한다) 이번에는 /지/를 /니/로 바꾸어 말해보세요. [답: 무니개]
초성-각운 (onset-rime)	변별 (sound matching)	- 앞에 있는 종이에 그림들이 있어요. ('달, 눈, 집, 밤' 그림을 각각 손으로 짚으면서) 이 그림은 '달, 눈, 집, 밤'이에요. ○○가 /알/로 끝나는 그림을 찾으세요. [답: 달]
	합성 (blending)	- 선생님이 단어를 따로따로 나눠서 말할 거예요. 그러면 ○○가 듣고, 합쳐서 말하는 거예요. /프-울/ [답: 풀]
	분절 (segmenting)	- 선생님을 따라하세요. /발/ (아동이 /발/이라고 따라한다) 이번에는 ○○가 /발/을 따로따로 나눠서 말해주세요. [답: 브-알]
음절체-종성 (body-coda)	변별 (sound matching)	- 앞에 있는 종이에 그림들이 있어요. ('달, 눈, 집, 밤' 그림을 각각 손으로 짚으면서) 이 그림은 '달, 눈, 집, 밤'이에요. ○○가 /누/로 시작하는 그림을 찾으세요. [답: 눈]
	합성 (blending)	- 선생님이 단어를 따로따로 나눠서 말할 거예요. 그러면 ○○가 듣고, 합쳐서 말하는 거예요. /기-음/ [답: 김]

	분절 (segmenting)	- 선생님을 따라하세요. /잠/ (아동이 /잠/이라고 따라한다) 이번에는 ○○가 /잠/을 따로따로 나눠서 말해주세요. [답: 자-음]
음소 (phoneme)	변별 (sound matching)	- 앞에 있는 종이에 그림들이 있어요. ('도, 레, 미, 파' 그림을 각각 손으로 짚으면서) 이 그림은 '도, 레, 미, 파'예요. ○○가 /드/로 시작하는 그림을 찾으세요. [답: 도]
	분리 (isolation)	- 선생님을 따라 하세요. /게/ (아동이 '게'라고 말한다) /게/에서 첫소리가 무엇이죠? [답: 그] - 선생님을 따라 하세요. /형/ (아동이 '형'이라고 말한다) /형/에서 끝소리가 무엇이죠? [답: 응]
	합성 (blending)	- 선생님이 단어를 따로따로 나눠서 말할 거예요. 그러면 ○○가 듣고, 합쳐서 말하는 거예요. /그-애/ [답: 개] - 선생님이 단어를 따로따로 나눠서 말할 거예요. 그러면 ○○가 듣고, 합쳐서 말하는 거예요. /드-아—을/ [답: 달]
	분절 (segmenting)	- 선생님을 따라하세요. /구/ (아동이 /구/라고 따라한다) 이번에는 ○○가 /구/를 따로따로 나눠서 말해주세요. [답: 그-우] - 선생님을 따라하세요. /돈/ (아동이 /돈/이라고 따라한다) 이번에는 ○○가 /돈/을 따로따로 나눠서 말해주세요. [답: 드-오-은]
	탈락 (deletion)	- 선생님을 따라하세요. /새/ (아동이 '새'라고 따라한다) 이번에는 /스/를 빼고 말해보세요. [답: 애] - 선생님을 따라하세요. /귤/ (아동이 '귤'이라고 따라한다) 이번에는 /을/을 빼고 말해보세요. [답: 규]
	대치 (substitution)	- 선생님을 따라하세요. /나/ (아동이 '나'라고 따라한다) 이번에는 /아/를 /이/로 바꾸어 말해보세요. [답: 니] - 선생님을 따라하세요. /별/(아동이 '별'이라고 따라한다) 이번에는 /을/을 /응/으로 바꾸어 말해보세요. [답: 병]

출처: 김애화, 유현실, 김의정(2010). "취학전 및 초등학교 1학년 아동의 음운인식 구조 탐색 연구". 『초등교육연구』, 23(3), 173-192.

내외 선행문헌에서 가장 많이 사용된 '보기와 같은 소리 찾기(sound matching) 과제'를 사용하였다. 일곱째, 음절대치와 음소대치의 경우 대치한 후의 단어는 의미 또는 무의미 단어가 될 수 있도록 검사문항을 구성하였다. 여덟째, 본 연구에서는 자음이 초성에 위치할 때는 무표 모음(default/neutral vowel)인 '으'를 붙여 발음(예: /그, 므/)하였고, 종성에 위치할 때는 무표 모음을 앞에 두고 받침소리로 넣어 발음(예: /윽, 음/)하였다.

본 음운인식 검사는 만 4~7세 아동의 수준을 고려하여 다음과 같이 개발되었다. 우선 만 4~7세 아동의 어휘 수준을 고려한 문항을 선별하기 위하여 김광해(2003)의 1등급 어휘, 서상규 · 남윤진 · 진기호(1998)의 기본어휘, D사 한글 학습지의 어휘를 분석하였다. 그 결과 두 개 이상의 어휘 목록에 공통적으로 포함된 어휘로 검사 문항을 구성하였다. 둘째, 변별과제에 사용하는 그림자극의 적절성을 위하여 만 4~7세 아동 45명을 대상으로 사전 예비검사를 실시하여 모든 아동들이 인지하여 명명할 수 있는 그림자극만을 사용하여 검사지를 구성하였다. 셋째, 검사 지시문의 적절성을 위하여 만 4~7세 아동 22명을 대상으로 예비검사를 실시하였다. 그것을 토대로 아동들이 이해하지 못하는 지시문은 수정하고, 연습 문항의 수를 늘렸다.

검사는 시간제한 없이 실시되었으며, 아동이 연속해서 3문항에서 오반응하면 이를 중지점으로 보아 검사를 종료하였다. 각 문항의 응답은 정답은 1, 오답은 0으로 채점하여 각 하위검사별 원점수를 산출하였다.

2) 자모지식 검사

자모지식 검사는 국내외 선행 문헌을 기반으로 두 개의 하위검사로 구성하였다(김선옥 · 조희숙, 2006; 최나야 · 이순형, 2008; Landerl & Wimmer, 2008; Schatschneider et al., 2004): (1) 자모이름, (2) 자음소리. 〈부록 B〉에 자모지식 검사의 예를 제시하였다. 검사는 시간제한 없이 실시되었으며, 아동이 세 개를 연속해서 틀리면 이를 중지점으로 보아 검사를 종료하였다. 각 문항의 응답은 정답은 1, 오답은 0으로 채점하여 각 하위검사별 총점을 산출하였다.

(1) 자모이름

자모이름 검사는 선행 문헌을 기반으로 개발하였다(김선옥 · 조희숙, 2006; 최나야 · 이순형, 2008; Landerl & Wimmer, 2008; Schatschneider et al., 2004). 자모이름 검사는 자음이름 검사와 한글 모음의 이름을 측정하는 모음이름 검사로 구성하였다.

(2) 자모소리

자모소리 검사는 선행 문헌을 기반으로 개발하였다(김선옥 · 조희숙, 2006; 최나야 · 이순형, 2008; Landerl & Wimmer, 2008; Schatschneider et al., 2004). 자음소리 검사는 자음 초성의 소리를 얼마나 정확하게 아는지를 측정하도록 개발되었다. 한글의 모음은 이름과 소리가 일치하기 때문에 소리 검사에서 제외하였다.

3) 빠른 자동 이름대기 검사

빠른 자동 이름대기 검사는 선행 검사(예: Comprehensive Test of Phonological Processing) 및 문헌(예: Denckla & Rudel, 1976)을 기반으로 두 개의 하위검사로 구성하였다: (1) 빠른 자동 이름대기: 글자, (2) 빠른 자동 이름대기: 물체. 〈부록 C〉에 빠른 자동 이름대기 검사의 예를 제시하였다. 검사는 1분 동안 실시되었으며, 아동이 연속해서 5문항에서 오반응하면 이를 중지점으로 보아 검사를 종료하였다. 각 문항의 응답은 정답은 1, 오답은 0으로 채점하여 하위검사별 총점을 산출하였다.

(1) 빠른 자동 이름대기: 글자

각 검사지는 아동들에게 친숙한 글자를 각각 5개씩 선택한 후, 각 항목이 20번씩 무작위로 반복되도록 구성하였다. 아동들에게 친숙한 글자를 선택하기 위해 사전 예비검사를 실시하여, 아동들이 가장 친숙하게 인식한 5개 글자(마, 바, 가, 라, 나)로 검사지를 구성하였다. 아동이 제시한 글자의 이름을 올바르게 말하면 정답으로, 올바르지 않게 말하거나 생략하면 오답으로 처리하였다. 또한 아동이 3초 이상 대답하지 못하면 오답으로 처리하고 다음 문항으로 넘어가도록 하였다.

(2) 빠른 자동 이름대기: 물체

각 검사지는 아동들에게 친숙한 물체를 각각 5개씩 선택한 후, 각 항목이 20번씩 무작위로 반복되도록 구성하였다. 아동들에게 친숙한 물체를 선택하기 위해 사전 예비검사를 실시하여, 아동들이 가장 친숙하게 인식한 5개 물체(모자, 버스, 사과, 개미, 나비)로 검사지를 구성하였다. 아동이 제시한 물체의 이름을 올바르게 말하면 정답으로, 올바르지 않게 말하거나 생략하면 오답으로 처리하였다. 또한 아동이 3초 이상 대답하지 못하면 오답으로 처리하고 다음 문항으로 넘어가도록 하였다.

4) 음운기억 검사

본 연구에서는 숫자 바로 따라하기(단기기억)와 숫자 거꾸로 따라하기(작동기억) 검사를 음운기억 검사로 사용하였다. 〈부록 D〉에 음운기억 검사의 예를 제시하였다.

(1) 단기기억: 숫자 바로 따라하기

숫자 바로 따라하기 검사는 선행 검사(예: Comprehensive Test of Phonological Processing; K-WISC III) 및 문헌(김애화, 2006)을 기반으로 개발되었다. 숫자 바로 따라하기 검사는 검사자가 소리 내어 읽어 준 숫자들을 아동이 같은 순서로 정확히 따라하는 정도를 측정하도록 개발되었다. 검사문항은 1부터 9까지의 수에서 무작위 표본 추출하여 제작한 일련의 숫자열로 구성되었다. 숫자열은 4개에서 9개의 숫자들로 구성되었고, 각 숫자열별로 2개씩 총 12개 문항을 제작하였다. 각 숫자열별 2개 문항에서 모두 오반응하면 이를 중지점으로 보아 검사를 종료하고, 한 문항이라도 정반응을 하면 다음 숫자열 검사를 진행하였다. 각 문항의 응답은 정답은 1, 오답은 0으로 채점하여 총점을 산출하였다.

(2) 작동기억: 숫자 거꾸로 따라하기

숫자 거꾸로 따라하기 검사는 선행 검사(예: Comprehensive Test of Phonological Processing; K-WISC III) 및 선행 문헌(김애화, 2006)을 기반으로 개발되었다. 숫자 거꾸로 따라하기 검사는 검사자가 소리 내어 읽어 준 숫자들을 아동이 거꾸로 정확히 따라하는 정도를 측정하도록 개발되었다. 검사문항은 1부터 9까지의 수에서 무작위 표본 추출하여 제작한 일련의 숫자열로 구성되었다. 숫자열은 3개에서 8개의 숫자들로 구성되었고, 각 숫자열별로 2개씩 총 12개 문항을 제작하였다. 각 숫자열별 2개 문항에서 모두 오반응하면 이를 중지점으로 보아 검사를 종료하고, 한 문항이라도 정반응을 하면 다음 숫자열 검사를 진행하였다. 각 문항의 응답은 정답은 1, 오답은 0으로 채점하여 총점을 산출하였다.

5) KISE 기초학력검사–음독 검사

KISE 기초학력검사–음독 검사는 낱자 읽기, 낱말 읽기, 문장 읽기 등으로 구성되어 있다. 검사는 시간제한 없이 실시되었으며, 아동이 연속해서 5문항에서 오반응하면 이를 중지점으로 보아 검사를 종료하였다. 각 문항의 응답은 정답은 1, 오답은 0으로 채점하여 총점을 산출하였다.

3. 검사자 훈련 및 자료수집 절차

본 연구의 검사자는 특수교육을 전공하고 있는 학부생 및 대학원생으로 구성되었다. 검사의 신뢰도를 높이기 위하여, 본 연구자가 검사자들에게 검사 절차 및 실시 방법에 관한 훈련을 하였다. 훈련의 내용은 검사 소개, 검사 실시 방법 및 지침, 채점 방법 등으로 구성하였다. 본 연구자가 구체적인 검사 실시 방법을 시범 보인 후, 검사자들은 짝을 이루어 검사자와 피검사자의 역할을 바꾸어 가며 검사 실시 방법을 연습하였다. 본 연구자는 이 과정을 관찰하며 필요할 경우 문제점을 지적하고 토론하였다. 검사자 훈련 후, 검사 실시 및 채점에 관한 신뢰도를 확인한 결과, 평균 98.2%로 높게 나타났다.

훈련을 받은 검사자는 연구에 참여한 아동들에게 모든 검사를 개별적으로 실시하였다. 개별검사는 아동이 재학하고 있는 어린이집, 유치원 및 학교에서 일과가 진행되는 동안에 이루어졌으며, 검사자가 아동을 한 명씩 독립된 공간으로 데리고 와서 검사를 실시하였다. 검사자 변인을 최소화하기 위해 미리 제작된 지시문에 따라 검사를 실시하였으며, 검사 실시에 앞서 연습문항을 통해 아동들이 검사 진행을 이해할 수 있도록 하였다.

4. 자료분석 방법

표준화 검사를 실시한 후, 다음의 두 가지 차원의 자료분석을 실시하였다: (1) 간소화된 검사 구성을 위한 기초 문항 분석 및 신뢰도 분석, 회귀 분석 및 확인적 요인분석 실시, (2) 최종 검사에 대한 신뢰도 및 타당도 분석 실시.

첫째, 본 연구에 사용한 측정검사는 18개의 하위검사로 구성된 음운인식 검사, 3개의 하위검사로 구성된 자모지식 검사, 2개의 하위검사로 구성된 빠른 자동 이름대기 검사, 2개의 하위검사로 구성된 음운기억 검사의 총 25개의 하위검사로 구성되었다. 따라서 간소화된 검사 구성을 도출하기 위해 기초 문항 분석 및 신뢰도 분석, 회귀 분석 및 확인적 요인분석을 실시하였다. 우선 기초 문항 분석 및 신뢰도 분석을 통해 각 소검사별 평균과 표준편차, 첨도, 왜도를 검토하였으며 각 소검사별 문항내적 일관성 지수(Cronbach's α)를 산출하였다. 이를 통해 각 연령별로 바닥효과 또는 천정효과를 보이는 소검사가 있는지, 측정학적으로 부적합한 소검사가 있는지를 확인하였다. 또한 회귀 분석을 실시함으로써 각 소검사를 구성하고 있는 하위검사들의 읽기능력에 대한 예측력을 비교하였다. 이를 통해 예측력이 높은 하위검사들로 구성된 간소화된 모델을 도출하고자 하였다. 또한 음운인식 검사의 경우에는 가설로 설정된 간소화된 모델의 타당성을 확인적 요인분석을 통해 검증하였다.

둘째, 본 조기 읽기 검사의 신뢰도 검증을 위해 문항내적 합치도와 측정의 표준오차를 산출하였다. 본 조기 읽기 검사의 타당도 검증을 위해 내용타당도, 구인타당도, 공인타당도를 검증하였다. 내용타당도는 선행 검사 및 국내외 선행 문헌 분석을 통해 확인하였다. 본 조기 읽기 검사의 구인타당도는 확인적 요인분석과 연령차이 분석을 통해 확인하였다. 공인타당도는 본 조기 읽기 검사 점수와 KISE 기초학력검사-음독 점수와의 상관을 통해 검증하였다.

5. 연구 결과

1) 기초 문항 분석 및 신뢰도 분석

(1) 음운인식 검사의 기술통계

각 음운인식 하위검사의 기술통계는 〈표 4-4〉, 〈표 4-5〉에 제시된 바와 같다. 각 연령별 하위검사들은 대체로 정규성을 충족하였으나, 일부 하위검사는 천정효과나 바닥효과가 나타났다. 구체적으로 음절변별 검사의 경우, 이미 만 4세 아동부터 8점 만점에 평균이 7점 이상으로 부적편포가 심하게 나타났다. 음절합성, 음절분절은 만 5세 아동부터 부적편포가 나타났다. 한편 초성–각운합성, 초성–각운분절, 음절체–종성합성, 음절체–종성분절, 음소분리, 음소합성, 음소분절, 음소탈락, 음소대치는 만 4세 아동에게는 실시하지 않았으며, 만 5세 아동의 경우에도 각 하위검사별 평균이 1점대 미만으로 정적편포가 심하게 나타났다. 하지만 나머지 하위검사들은 대체로 왜도와 첨도 모두 적정수준 이내로 정규분포를 따르는 것으로 나타났다.

〈표 4-4〉 각 음운인식 하위검사의 기초 통계치(만 4~5세)

하위검사	만 4세(n=117)				만 5세(n=127)			
	평균	표준편차	왜도	첨도	평균	표준편차	왜도	첨도
음절변별	7.26	1.58	-3.01	10.16	7.85	0.76	-9.12	93.47
음절분리	2.79	3.00	0.53	-1.24	5.83	2.64	-0.98	-0.36
음절합성	4.99	3.26	-0.51	-1.44	7.01	2.09	-2.37	4.69
음절분절	5.51	3.34	-0.86	-1.11	7.02	2.22	-2.40	4.49
음절탈락	2.77	3.05	0.46	-1.45	5.73	2.60	-1.07	-0.15
음절대치	1.09	1.86	1.98	3.23	2.87	2.64	0.47	-1.13
초성-각운변별	4.68	2.71	-0.44	-1.04	5.74	2.21	-0.83	-0.04
초성-각운합성	-	-	-	-	0.94	1.97	2.29	4.20
초성-각운분절	-	-	-	-	0.24	1.06	5.61	32.27
음절체-종성변별	6.07	2.35	-1.24	0.59	7.25	1.37	-2.42	7.27
음절체-종성합성	-	-	-	-	1.26	2.19	1.62	1.19
음절체-종성분절	-	-	-	-	0.72	1.50	3.06	9.98
음소변별	3.40	2.53	0.29	-1.01	4.80	2.71	-0.31	-1.21
음소분리	-	-	-	-	0.47	1.26	3.07	9.28
음소합성	-	-	-	-	0.60	1.62	3.22	10.69
음소분절	-	-	-	-	0.20	0.85	4.43	19.72
음소탈락	-	-	-	-	0.65	1.55	2.51	5.22
음소대치	-	-	-	-	0.31	1.14	4.07	16.30
자모지식-자음이름	5.46	6.43	0.78	-0.89	11.74	6.90	-0.77	-1.02
자모지식-모음이름	3.91	6.00	1.48	0.94	8.73	7.49	0.12	-1.59
자모소리-초성	2.22	4.92	2.32	3.98	6.02	7.20	0.67	-1.36
빠른 자동 이름대기-물체	37.32	11.83	-0.26	1.08	43.35	11.70	-0.33	0.86
빠른 자동 이름대기-글자	23.04	27.42	0.74	-0.95	53.06	24.34	-0.35	-0.15
음운기억-단기기억	2.34	2.23	1.38	2.04	3.03	2.02	1.10	1.72
음운기억-작동기억	0.16	0.39	2.28	4.47	0.72	0.91	0.90	-0.39

〈표 4-5〉 각 음운인식 하위검사의 기초 통계치(만 6~7세)

하위검사	만 6세				만 7세			
	평균	표준편차	왜도	첨도	평균	표준편차	왜도	첨도
음절변별	7.95	0.22	-4.30	16.87	7.99	0.11	-9.06	82.00
음절분리	7.49	1.35	-3.58	14.10	7.70	1.18	-4.97	25.43
음절합성	7.55	1.37	-4.39	21.39	7.89	0.39	-3.75	14.23
음절분절	7.81	0.76	-5.03	27.23	7.88	0.79	-8.34	72.65
음절탈락	7.57	0.80	-1.84	2.54	7.78	0.69	-4.88	29.78
음절대치	5.35	2.36	-0.65	-0.57	6.33	2.15	-1.62	1.79
초성-각운변별	6.84	1.76	-1.85	3.25	7.26	1.62	-3.14	10.95
초성-각운합성	2.55	3.01	0.68	-1.22	2.49	2.96	0.88	-0.77
초성-각운분절	1.49	2.57	1.65	1.34	1.94	2.95	1.26	-0.10
음절체-종성변별	7.76	0.64	-2.66	6.29	7.84	0.51	-3.73	15.04
음절체-종성합성	3.07	3.00	0.41	-1.39	2.98	3.02	0.46	-1.45
음절체-종성분절	2.20	2.30	1.01	0.00	2.05	2.48	0.98	-0.17
음소변별	6.51	2.01	-1.40	1.41	6.90	1.82	-2.39	6.24
음소분리	2.08	2.48	0.97	-0.36	2.94	2.83	0.46	-1.30
음소합성	2.63	2.98	0.64	-1.21	2.88	2.97	0.45	-1.39
음소분절	1.55	2.34	1.49	1.11	2.20	2.52	0.93	-0.33
음소탈락	2.19	2.62	0.99	-0.19	3.40	2.94	0.25	-1.43
음소대치	1.73	2.78	1.31	0.03	2.85	2.99	0.55	-1.32
자모지식-자음이름	16.94	2.32	-5.30	35.57	17.20	2.19	-6.31	48.11
자모지식-모음이름	16.53	4.82	-2.00	4.19	18.78	2.80	-3.13	13.89
자모소리-초성	13.20	6.86	-1.15	-0.43	15.87	4.86	-2.69	5.94
빠른 자동 이름대기-물체	53.31	10.24	0.38	-0.10	57.78	10.73	-0.65	0.81
빠른 자동 이름대기-글자	78.63	18.24	0.03	0.46	90.01	13.01	0.14	-0.65
음운기억-단기기억	4.49	2.24	0.57	-0.51	4.68	2.06	1.05	1.27
음운기억-작동기억	1.77	1.26	0.63	0.40	2.23	1.55	0.95	1.14

〈표 4-6〉 각 소검사의 신뢰도

소검사	문항 수	4세	5세	6세	7세
음절변별	8	.839	.850	–	–
음절분리	8	.916	.889	.843	.904
음절합성	8	.942	.915	.887	.302
음절분절	8	.967	.944	.765	.923
음절탈락	8	.930	.889	.548	.632
음절대치	8	.840	.853	.794	.829
초성-각운변별	8	.844	.771	.779	.848
초성-각운합성	8	–	.900	.923	.921
초성-각운분절	8	–	.917	.935	.952
음절체-종성변별	8	.851	.742	.486	.462
음절체-종성합성	8	–	.891	.906	.914
음절체-종성분절	8	–	.820	.839	.877
음소변별	8	.802	.847	.798	.817
음소분리	8	–	.837	.872	.895
음소합성	8	–	.905	.923	.912
음소분절	8	–	.832	.894	.881
음소탈락	8	–	.859	.889	.894
음소대치	8	–	.876	.940	.912
자모지식-자음이름	18	.966	.971	.718	.891
자모지식-모음이름	21	.961	.960	.907	.819
자모소리-초성	18	.975	.978	.980	.974
빠른 자동 이름대기-물체	5	.976	.965	.972	.970
빠른 자동 이름대기-글자	5	.993	.989	.981	.976
음운기억-단기기억	12	.824	.772	.730	.741
음운기억-작동기억	12	.028	.398	.509	.639

(2) 각 소검사별 신뢰도

18개의 음운인식 검사, 3개의 자모지식 검사, 2개의 빠른 자동 이름대기 검사, 2개의 음운기억 검사 등 25개 하위검사 각각에 대한 신뢰도를 산출하였다. 초성−각운합성, 초성−각운분절, 음절체−종성합성, 음절체−종성분절, 음소분리, 음소합성, 음소분절, 음소탈락, 음소대치 검사는 만 4세 아동의 경우에는 실시하지 않았다. 신뢰도 계수는 〈표 4-6〉에 제시된 바와 같이 문항내적 일관성 지수인 Cronbach α를 각 연령별로 산출하였다. 〈표 4-6〉을 보면 대부분의 하위검사의 신뢰도가 양호한 것으로 나타났다. 다만, 특정 연령에서 몇몇 검사의 신뢰도가 다소 낮게 나왔는데, 특히 음운기억−작동기억 검사의 신뢰도는 모든 연령에서 낮게 나왔다.

또한 각 소검사 간 상호관련성을 분석하기 위하여 Pearson 상관계수를 산출하였는데, 각 연령별 소검사 간 상호관련성은 〈부록 E〉에 수록하였다.

2) 검사 간소화 과정

읽기능력에 대한 예측력이 유의하게 높은 검사를 선택적으로 포함하는 간소화된 조기 읽기 검사를 구성하기 위해 다음의 두 단계에 걸친 회귀분석을 실시하였다: (1) 음운인식 검사 간소화를 위한 회귀분석, (2) 전체 조기 읽기 검사 간소화를 위한 회귀분석. 또한 음운인식 검사의 경우 간소화된 모형의 타당성을 확인적 요인분석을 통해 검증하였다.

(1) 음운인식 검사 간소화를 위한 회귀분석 결과

음운인식의 하위검사 18개를 모두 투입하여 읽기능력(KISE 기초학력검사–음독 점수)을 예측한 회귀모형의 설명량은 54.2%(F=17.659, p<.001)인 것으로 나타났다. 그런데 읽기능력에 대한 예측력이 유의하게 높은 하위검사를 선택적으로 포함하는 간소화된 음운인식 검사를 구성하기 위해 단계적 중다회귀(stepwise multiple regression) 분석 방법을 적용하여 읽기능력을 예측하는 데 효과적인 음운인식 하위검사를 추출하고자 하였다. 먼저 종속변인으로는 KISE 기초학력검사–음독 점수를 설정하였으며, 예측변인으로는 음절변별, 음절분리, 음절합성, 음절분절, 음절탈락, 음절대치, 초성–각운변별, 초성–각운합성, 초성–각운분절, 음절체–종성변별, 음절체–종성합성, 음절체–종성분절, 음소변별, 음소분리, 음소합성, 음소분절, 음소탈락, 음소대치 등 총 18개의 하위검사를 투입하였다.

만 4세 아동을 제외한 5, 6, 7세 아동을 전체집단(N=288)으로 하여 분석한 결과는 〈표 4-7〉에 제시된 바와 같이, 음절대치, 음소변별, 음절분리, 음소대치, 음절탈락의 순서로 회귀계수가 유의미하였다. 또한 이 중 음절대치만 투입했을 경우의 설명량은 37.9%(F=174.802, p<.001), 음소변별을 추가로 투입한 경우에는 KISE 기초학력검사–음독 점수의 설명량이 7.6%가 증가하였으며(ΔF=39.642, p<.001), 음절분리를 추가로 투입한 경우에는 설명량이 4.1%(ΔF=22.885, p<.001), 음소대치를 추가로 투입한 경우에는 설명량이 2.3%(ΔF=13.300, p<.001), 음절탈락을 추가로 투입한 경우에는 설명량이 9.7% 증가하였다(ΔF=.3.927, p<.05). 즉, KISE 기초학력검사–음독 점수에 대하여 음운인식 검사 중 음절대치, 음소변별, 음절분리, 음소대치,

〈표 4-7〉 KISE 기초학력검사–음독 점수에 대한 음운인식 하위검사의 영향력에 대한 단계적 회귀분석 결과

모형	하위검사	표준오차	β	VIF	R^2	ΔR^2	ΔF
1	음절대치	.124	.616***	1.000	.379	.379	174.802***
2	음절대치	.131	.474***	1.266	.455	.076	39.642***
	음소변별	.151	.310***	1.266			
3	음절대치	.142	.355	1.616	.496	.041	22.885***
	음소변별	.148	.268***	1.309			
	음절분리	.181	.247***	1.504			
4	음절대치	.147	.290***	1.801	.518	.022	13.300***
	음소변별	.148	.230***	1.372			
	음절분리	.177	.250***	1.505			
	음소대치	.145	.174***	1.338			
5	음절대치	.153	.257***	1.970	.525	.007	3.927*
	음소변별	.152	.204***	1.472			
	음절분리	.206	.189**	2.064			
	음소대치	.144	.181***	1.346			
	음절탈락	.235	.126*	2.387			

음절탈락 등 총 5개의 하위검사가 유의미한 영향력이 있는 하위검사임을 확인할 수 있었다. 최종적으로 이들 5개 하위검사는 읽기능력의 52.5%(F=17.659, p<.001)를 설명하여, 18개 하위검사를 모두 투입한 경우에 비해 설명량의 손실이 단지 1.7%에 불과한 것으로 나타나 추출한 음운인식 5개 하위검사의 효율성을 확인할 수 있었다.

(2) 전체 조기 읽기 검사 간소화를 위한 회귀분석 결과

만 5~7세 아동의 읽기능력(KISE 기초학력검사–음독)을 유의하게 예측하는 변인들을 추출하기 위해 간소화된 음운인식 검사(음절탈락, 음

〈표 4-8〉 KISE 기초학력검사-음독 점수에 대한 음운인식, 자모지식, 빠른 자동 이름대기, 음운기억 검사의 영향력에 대한 단계적 회귀분석 결과

모형	하위검사	표준오차	β	VIF	R^2	ΔR^2	ΔF
1	음운인식	.036	.703***	1.000	.495	.495	273.351
2	음운인식	.045	.471***	1.779	.561	.066	44.094
	빠른 자동 이름대기-글자	.015	.351***	1.779			
3	음운인식	.048	.370***	2.155	.587	.026	18.470
	빠른 자동 이름대기-글자	.017	.247***	2.176			
	자모지식-자음이름	.060	.249***	2.284			
4	음운인식	.048	.343***	2.230	.596	.009	6.971
	빠른 자동 이름대기-글자	.016	.226***	2.218			
	자모지식-자음이름	.067	.173**	2.872			
	자모지식-모음이름	.080	.151**	2.279			
5	음운인식	.049	.309***	2.403	.601	.005	4.719
	빠른 자동 이름대기-글자	.016	.212***	2.249			
	자모지식-자음이름	.071	.123	3.235			
	자모지식-모음이름	.079	.155**	2.281			
	자모지식-자음소리	.052	.118*	2.079			
6	음운인식	.050	.286***	2.487	.606	.005	4.337
	빠른 자동 이름대기-글자	.016	.210***	2.250			
	자모지식-자음이름	.070	.115	3.246			
	자모지식-모음이름	.079	.150**	2.285			
	자모지식-자음소리	.052	.113	2.083			
	음운기억-단기기억	.139	.087	1.231			

소변별, 음절분리, 음소배치, 음절탈락), 자모지식(자음이름, 모음이름, 자음소리), 빠른 자동 이름대기(글자, 물체), 음운기억(단기기억, 작동기억) 등을 예측변인으로 한 중다회귀분석을 실시하였다. 〈표 4-8〉에서 제시된 바와 같이, 모형 5와 6은 추가 설명량이 0.5% 미만이기 때문에 4모형까지 포함된 변인들만을 유의미한 변인으로 판단하였다.

이상과 같이 만 5~7세 아동에 대한 읽기능력(KISE 기초학력검사-음독 검사)에 대한 음운인식 검사(간소화된 5개 하위검사), 자모지식 검사(자음이름, 모음이름, 자음소리), 빠른 자동 이름대기(글자, 물체), 음운기억 검사(단기기억, 작동기억)의 예측력에 관한 회귀분석 결과, 간소화된 음운인식, 자모이름(자음, 모음)과 빠른 자동 이름대기(글자)만이 유의미한 변인인 것으로 나타났다.

(3) 간소화된 음운인식 검사의 타당성 검증을 위한 확인적 요인분석 결과

또한 회귀분석을 통해 읽기능력을 예측하는 주요 변인으로 추려낸 음운인식의 하위검사들이 기존의 선행이론에서 제안된 음운인식의 요인구조와 비교하여 모형의 적합도가 적합한지를 검증하기 위하여 확인적 요인분석(confirmatory factor analysis)을 실시하였다. 음운인식 요인구조에 대한 가설모형은 다음과 같이 3개 모형을 설정하였다. 〈모형 1〉은 국외 연구들에서 제안한 음운인식 단위(음절인식, 초성-각운인식, 음소인식)에 따른 음운인식 구조에 대한 가설이다(Hoien et al., 1995; Muter et al., 1997). 〈모형 2〉는 김애화 외(2010c)의 탐색적 요인분석의 결과를 반영한 음운인식 단위와 음운인식 과제유형에 따른 음운인식 구조에 대한 가설이다. 〈모형 3〉은 본 연구에서 도출한 간소화된 음운인식 검사에 따른 음운인식 구조에 대한 가설이다.

가. 만 5~7세 가설모형

〈모형 1〉

요인 1: 음절변별, 음절분리, 음절합성, 음절분절, 음절탈락, 음절대치

요인 2: 초성-각운변별, 초성-각운합성, 초성-각운분절

요인 3: 음절체-종성변별, 음절체-종성합성, 음절체-종성분절

요인 4: 음소변별, 음소분리, 음소합성, 음소분절, 음소탈락, 음소대치

〈모형 2〉

요인 1: 음절변별, 음절합성, 음절분절

요인 2: 음절분리, 음절탈락, 음절대치

요인 3: 초성-각운변별, 음절체-종성변별, 음소변별

요인 4: 초성-각운합성, 초성-각운분절, 음절체-종성합성, 음절체-종성분절, 음소분리, 음소합성, 음소분절, 음소탈락, 음소대치

〈모형 3〉

요인 1: 음절분리, 음절탈락, 음절대치

요인 2: 음소변별

요인 3: 음소대치

나. 만 4세 가설모형

〈모형 1〉

요인 1: 음절변별, 음절분리, 음절합성, 음절분절, 음절탈락,

음절대치

요인 2: 초성–각운변별, 음절체–종성변별, 음소변별

〈모형 2〉

요인 1: 음절변별, 음절합성, 음절분절

요인 2: 음절분리, 음절탈락, 음절대치

요인 3: 초성–각운변별, 음절체–종성변별, 음소변별

〈모형 3〉

요인 1: 음절분리, 음절탈락, 음절대치

요인 2: 음절변별

확인적 요인분석을 위한 통계처리를 위하여 AMOS 6.0 프로그램을 사용하였으며 일부 변인들이 정규분포를 벗어나기 때문에 Bootstrapping 방법을 사용하였다. 모형별 적합도는 NFI, TLI, CFI, RMSEA를 통해서 살펴보았다. 모형별 적합도 지수 비교 분석결과는 〈표 4-9〉와 같다.

만 5~7세 아동의 경우 〈표 4-9〉와 〈그림 4-1~4-3〉에 제시된 바와 같이, 음절, 초성–각운, 종성, 음소가 각기 독립적인 요인으로 구분되는 것으로 보는 제1모형에 비해 김애화 외(2010c)의 탐색적 요인분석의 결과를 반영하는 제2모형의 적합도가 보다 우수한 것으로 나타났다. 한편 음운인식 요인을 5개 하위검사로 간소화한 후의 모형인 제3모형의 경우에는 18개 음운인식 하위검사를 모두 사용한 제2모형에 비해서 RMSEA 지수는 덜 양호하지만, NFI, TLI, CFI 등 다른 모형합치도 지수는 오히려 우수한 것으로 나타났다. 따라서 음운인식 하위검사를 간소화한 제3모형의 적합도는 양호하다고 판단할 수 있다.

한편 만 4세 아동의 경우에는 〈표 4-9〉와 〈그림 4-4~4-6〉에 제시된 바와 같이 제1모형에 비해 제2모형의 적합도가 우수한 것으로 나타났다. 한편 음운인식 검사가 음절분리, 음절탈락, 음절대치, 음소변별 등 4개의 하위검사로 간소화한 후의 모형인 제3모형의 경우에만 만 5~7세 아동의 경우와 유사하게 RMSEA 지수는 덜 양호한 것으로 나타났다. 하지만 NFI, TLI, CFI 등 다른 모형합치도 지수들은 제2모형에 비해 오히려 우수한 것으로 나타났다. 따라서 4세 아동의 경우에도 음운인식 하위검사를 간소화한 제3모형의 적합도가 양호한 것으로 판단할 수 있다.

〈표 4-9〉 음운인식 요인구조 모형의 적합도 비교

		X^2	*df*	NFI	TLI	CFI	RMSEA
5~7세	제1모형	51.8.050***	129	.823	.833	.859	.102
	제2모형	359.311***	129	.877	.901	.917	.078
	제3모형	37.866***	11	.971	.960	.979	.092
4세	제1모형	61.786***	28	.823	.861	.892	.102
	제2모형	38.152****	24	.890	.932	.955	.071
	제3모형	14.863**	4	.947	.899	.959	.153

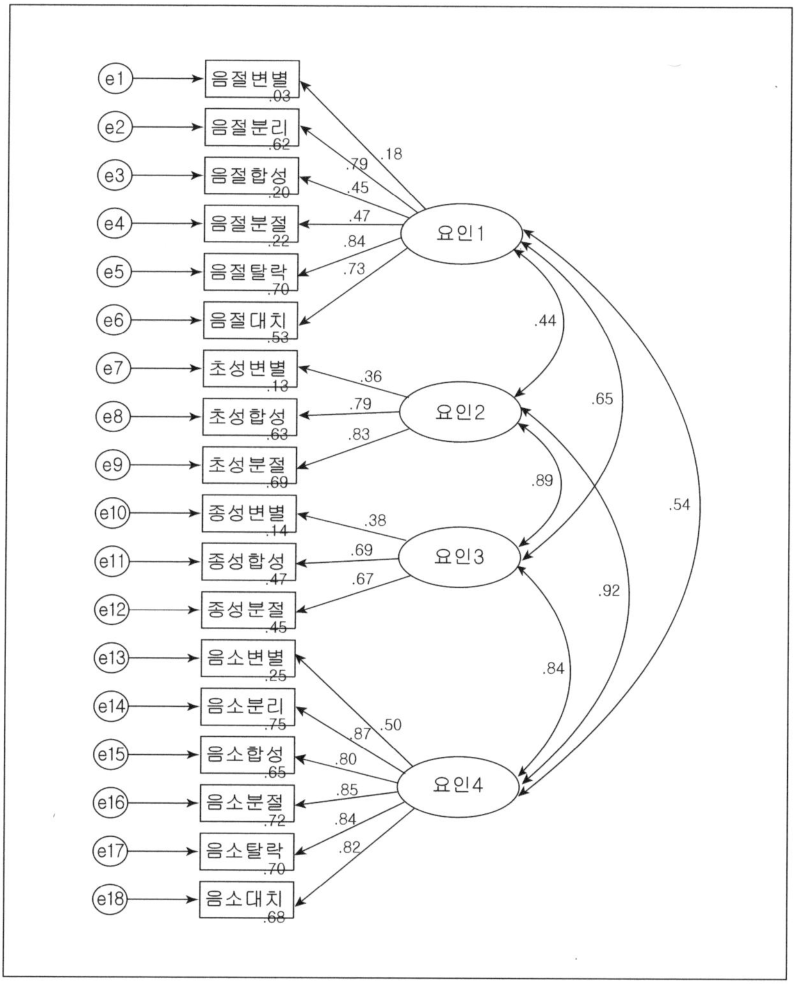

〈그림 4-1〉 만 5~7세 제1모형

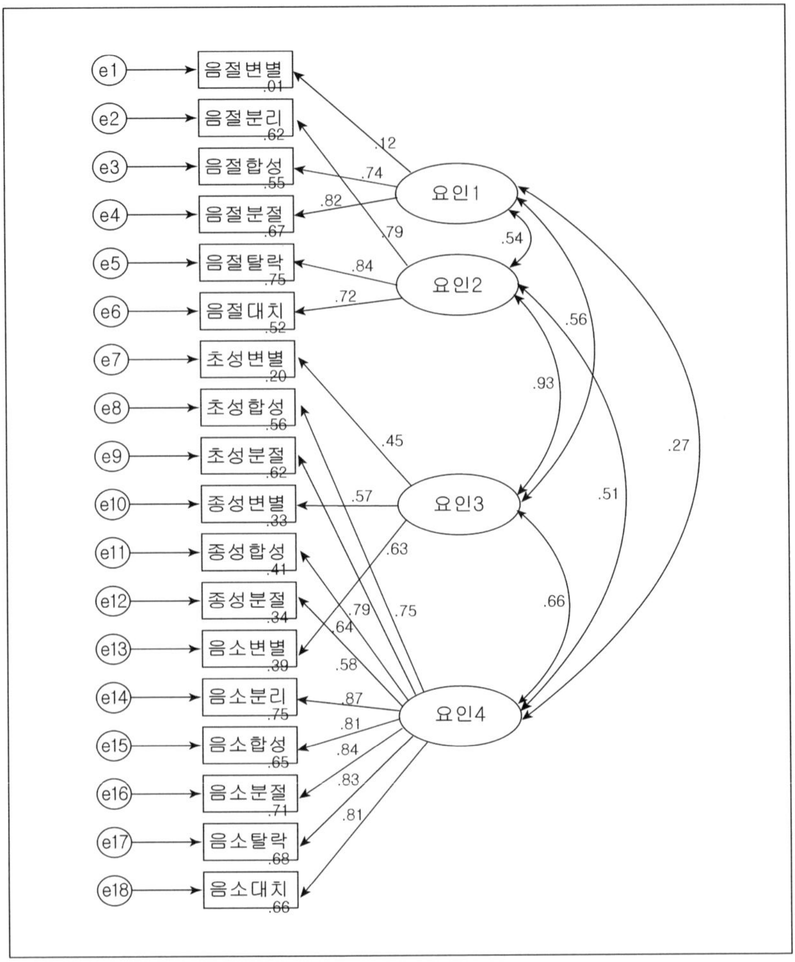

〈그림 4-2〉 만 5~7세 제2모형

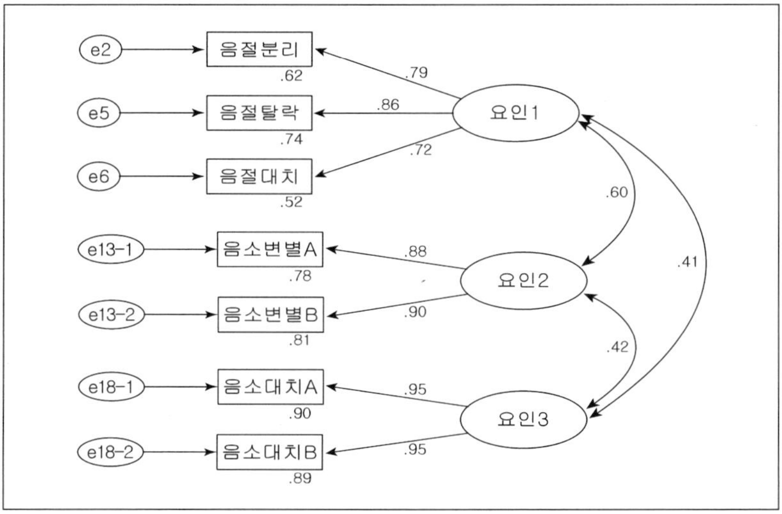

〈그림 4-3〉 만 5~7세 제3모형

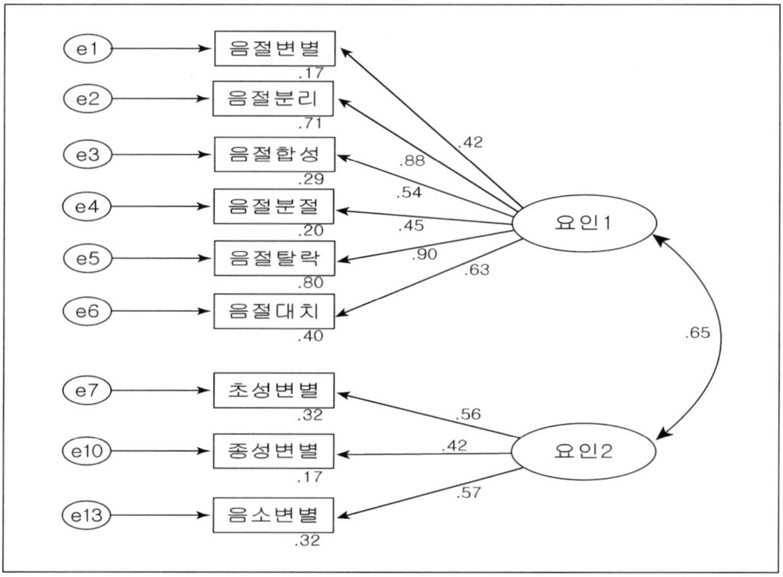

〈그림 4-4〉 만 4세 제1모형

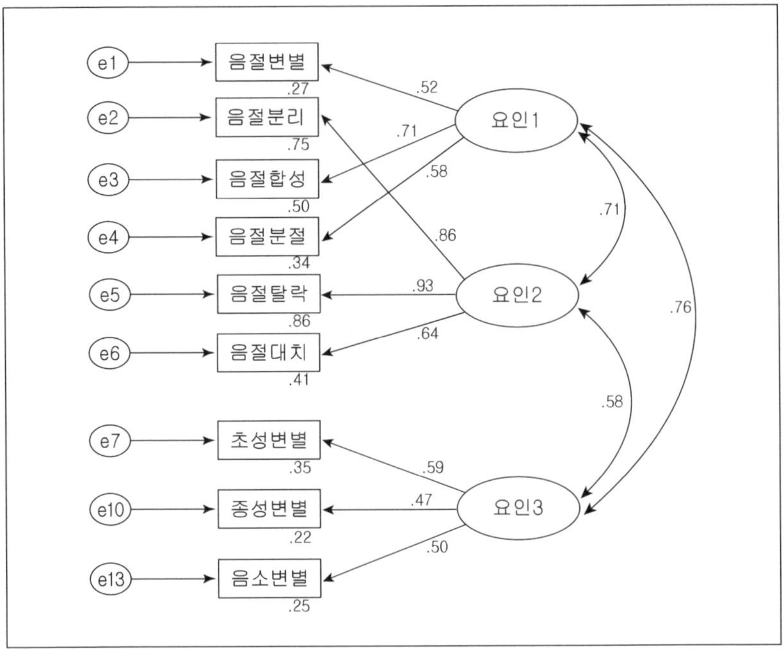

〈그림 4-5〉 만 4세 제2모형

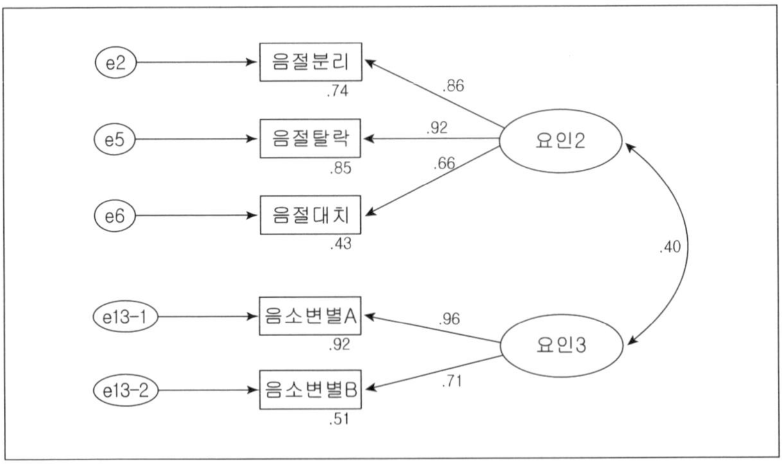

〈그림 4-6〉 만 4세 제3모형

3) 조기 읽기 검사 최종안

검사 간소화 과정을 거쳐 〈표 4-10〉에서 제시하는 조기 읽기 검사 최종안을 제안하고자 한다.

〈표 4-10〉 조기 읽기 검사

소검사	하위검사	소검사에 대한 설명
음운인식 검사	① 음절분리 ② 음절탈락 ③ 음절대치 ④ 음소변별 ⑤ 음소분리	• 말소리를 얼마나 정확하게 인식하고 조작할 수 있는지를 측정한다. • 음운인식 단위(phonological unit: 음절인식, 음소인식 단위)와 과제유형(변별, 분리, 대치)을 반영하여 5개의 하위검사로 구성하였다. • 아동은 검사자가 제시하는 말소리 조작 과제에 대한 답을 하여야 한다.
자모지식 검사	① 자음이름 ② 모음이름	• 자모의 이름을 얼마나 정확하게 말하는지를 측정한다. • 한글의 자음과 모음이름으로 나누어 하위검사로 구성하였다. • 아동은 일련의 자음 또는 모음을 보고 그 이름을 정확하게 말해야 한다.
빠른 자동 이름대기 검사	① 글자	• 장기기억에 저장된 음운정보를 얼마나 빠르고 정확하게 인출하는지를 측정한다. • 아동은 일련의 글자를 보고 빠르고 정확하게 읽어야 한다.

4) 신뢰도

본 조기 읽기 검사의 신뢰도 검증을 위해 문항내적 합치도, 측정의 표준오차를 산출하였다.

(1) 문항내적 합치도

검사를 구성하는 소검사나 문항 간 일관성의 정도를 검토하기 위하여 Cronbach α를 산출하였다. 3개 소검사의 문항내적 합치도는 각 소검사를 구성하는 문항들의 원점수를 사용하여 신뢰도 계수를 산출하였다. 〈표 4-11〉에서 볼 수 있듯이 모든 소검사들의 문항내적 합치도는 만족할 만한 수준이었다. 〈부록 F〉에는 각 연령별로 각 소검사의 문항별 문항 제거 시 신뢰도와 정답률을 제시하였다.

〈표 4-11〉 각 학년별 소검사의 Cronbach α 계수

소검사	문항 수	만 4세	만 5세	만 6세	만 7세
음운인식 검사(축약형)	40	.938	.933	.897	.879
자모이름 검사(자음, 모음)	39	.973	.975	.897	.906
빠른 자동 이름대기 검사(글자)	5	.993	.989	.981	.976

* 4세 아동의 경우 음소대치 하위검사를 실시하지 않았으므로, 축약형 검사에서 제외함.

(2) 측정의 표준오차

측정의 표준오차는 소검사의 경우에는 환산점수를 단위로 하여 신뢰도계수(문항내적 일관성 계수)를 사용하여 산출하였다. 소검사의 환산점수의 표준편차(SD)는 3이다. 이 각각의 값들을 측정의 표준오차 산출공식인 $SEM = SD\sqrt{1-r_{xx}}$에 대입하여 각 소검사의 측정의 표준오차를 산출하였다. 〈표 4-12〉는 3개 소검사의 측정의 표준오차를 제시하고 있다. 표에서 볼 수 있듯이, 소검사와 영역척도의 측정의 표준오차는 매우 낮게 나타났다.

〈표 4-12〉 측정의 표준오차

소검사	환산점수 표준편차	만 4세	만 5세	만 6세	만 7세	평균 SEMa
음운인식 검사(축약형)	3	0.747	0.777	0.963	1.044	0.926
자모이름 검사(자음, 모음)	3	0.493	0.474	0.963	0.920	0.816
빠른 자동 이름대기 검사(글자)	3	0.251	0.315	0.035	0.465	0.308

a. 평균 SEM은 각 연령집단의 SEM의 자승합의 평균을 제곱근하여 계산하였다.

5) 타당도

검사의 타당도 검증을 위해 내용타당도, 구인타당도, 공인타당도를 검증하였다.

(1) 내용타당도

내용타당도는 선행 검사 및 국내외 선행 문헌 분석을 통해 확인하였다. 〈표 4-13〉은 각 소검사에 대한 이론적 근거를 제시하고 있다.

(2) 구인타당도

구인타당도는 검사가 이론적인 구인 및 특성을 얼마나 잘 반영하는가이다(Anastasi & Urbina, 1997). 본 조기 읽기 검사의 구인타당도는 확인적 요인분석과 연령차이 분석을 통해 확인하였다.

〈표 4-13〉 소검사에 대한 이론적 근거

소검사	하위검사	이론적 근거
음운인식 검사	① 음절분리 ② 음절대치 ③ 음소변별 ④ 음소분리 ⑤ 음소대치	선행 검사(예: Comprehensive Test of Phonological Processing, DIBELS) 및 선행 문헌(예: 김미경, 서경희, 2003; 이원령, 이상복, 2003; 이혜숙, 박현숙, 1999; Holopainen et al., 2000; Porpodas, 1999; Stanovich et al, 1984; Vandervelden & Siegel, 1995) 기반
자모지식 검사	① 자음이름 ② 모음이름	선행 검사(예: Dynamic Indicators of Basic Early Literacy Skills) 및 문헌(예: 김선옥, 조희숙, 2006; 최나야, 이순형, 2008; Landerl & Wimmer, 2008; Schatschneider et al., 2004) 기반
빠른 자동 이름대기 검사	① 글자	선행 검사(예: Comprehensive Test of Phonological Processing) 및 문헌(예: Denckla & Rudel, 1976) 기반

① 음운인식, 빠른 자동 이름대기, 자모지식 근거: 확인적 요인분석

본 조기 읽기 검사에 포함된 세 가지 읽기 영역인 음운인식(음절분리, 음절탈락, 음절대치, 음소변별, 음소대치), 자모지식(자음이름, 자모지식-모음이름), 빠른 자동 이름대기(글자)에 대한 가설 모형을 설정한 후, 확인적 요인 분석을 실시하였다. 가설 모형은 크게 다섯 가지로 설정하였다.

가설 모형 1: 음운인식, 자모지식, 빠른 자동 이름대기는 별개의 요인

가설 모형 2: 음운인식과 자모지식은 하나의 요인, 빠른 자동 이름대기는 별개의 요인

가설 모형 3: 음운인식과 빠른 자동 이름대기는 하나의 요인, 자모지식은 별개의 요인

가설 모형 4: 음운인식은 별개의 요인, 빠른 자동 이름대기와 자모지식은 하나의 요인

가설 모형 5: 음운인식, 빠른 자동 이름대기, 자모지식은 하나의 요인

위의 연구가설로 제기된 경쟁모형들의 모형적합도를 검증하기 위해서 AMOS 6.0 프로그램을 사용하였으며, 모형별 적합도는 NFI, TLI, CFI, RMSEA를 통해서 살펴보았다. 모형별 적합도 지수 비교분석은 〈표 4-14, 4-15〉와 〈그림 4-7~4-16〉과 같이 음운인식, 빠른 자동 이름대기, 자모지식을 각기 별개의 요인으로 간주하는 제1모형의 적합도가 가장 양호한 것으로 나타났다(RMSEA=.094, CFI=.915, TLI=.903, NFI=.931). 반면 음운인식과 빠른 자동 이름대기를 하나의 요인으로 자모지식은 별개의 요인으로 간주하는 제2모형과 음운인식과 자모지식은 하나의 요인으로, 빠른 자동 이름대기는 하나의 요인으로 간주하는 제3모형은 모형적합도 지수가 양호하지 못했다. 또한 음운인식은 별개의 요인으로, 빠른 자동 이름대기와 자모지식은

〈표 4-14〉 만 4세 아동의 읽기능력 요인구조 모형의 적합도 비교

	X^2	*df*	NFI	TLI	CFI	RMSEA
제1모형	34.716	17	.967	.971	.983	.095
제2모형	59.228	19	.943	.942	.960	.135
제3모형	92.435	19	.912	.894	.928	.183
제4모형	65.899	19	.937	.932	.954	.146
제5모형	116.738	20	.888	.867	.905	.204

〈표 4-15〉 만 5~7세 아동의 읽기능력 요인구조 모형의 적합도 비교

	X^2	*df*	NFI	TLI	CFI	RMSEA
제1모형	93.967	24	.960	.943	.970	.100
제2모형	130.558	26	.945	.922	.955	.118
제3모형	333.032	26	.859	.771	.868	.201
제4모형	256.934	26	.891	.828	.900.	.175
제5모형	424.032	27	.821	.715	.829	.225

하나의 요인으로 간주한 제4모형과 세 영역이 모두 하나의 요인으로 간주하는 제5모형 역시 모형적합도가 낮게 나타났다.

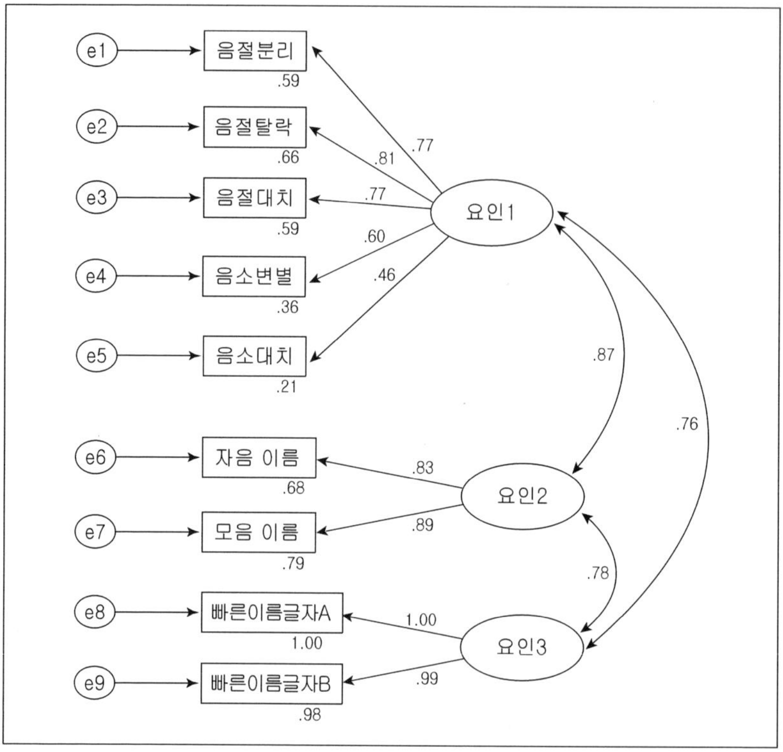

〈그림 4-7〉 만 5~7세 제1모형

이러한 확인적 요인분석 결과는 음운인식, 자모지식, 빠른 자동 이름대기가 각기 독립적인 요인일 것이라는 제1모형이 최적의 모형임을 확인하는 결과라고 할 수 있다.

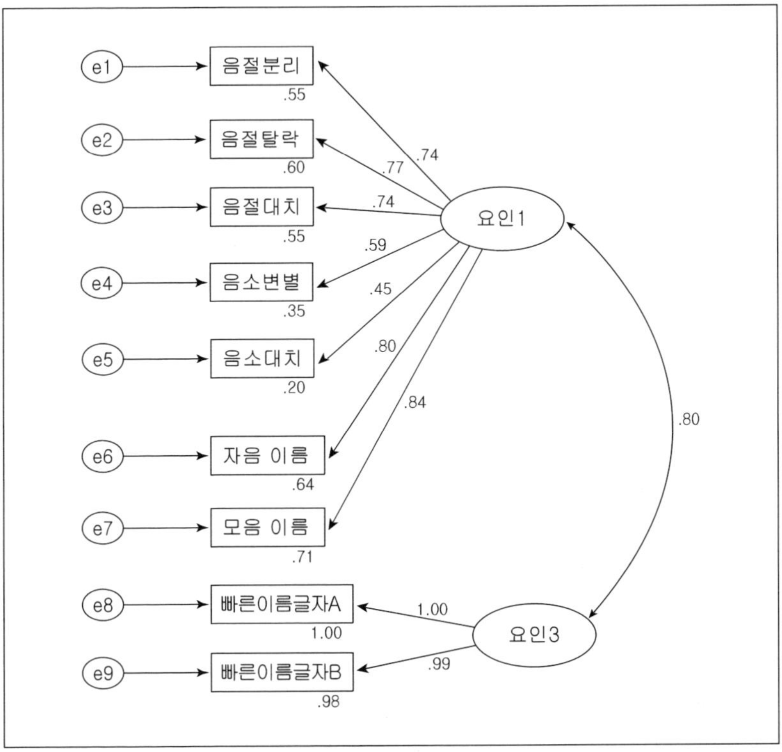

〈그림 4-8〉 만 5~7세 제2모형

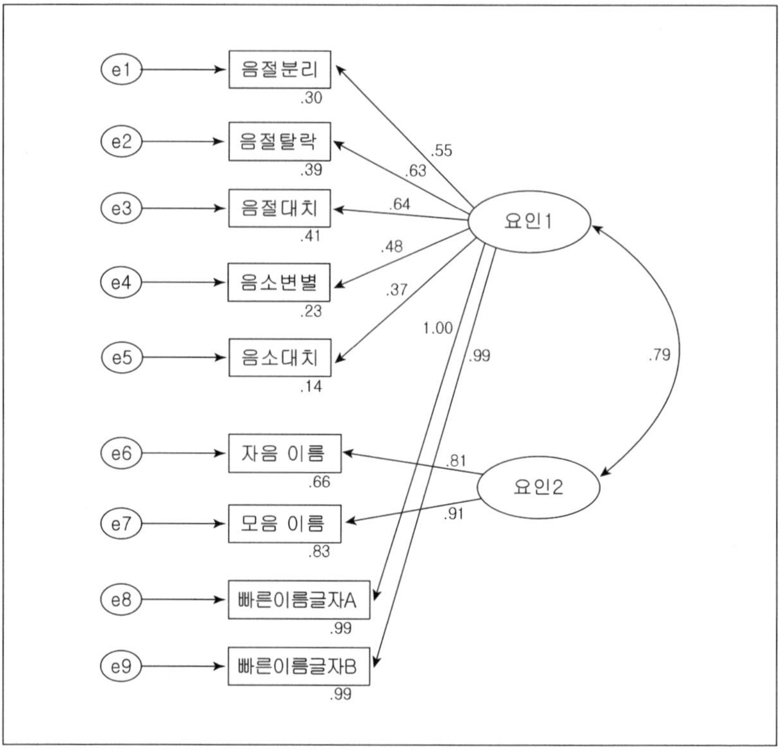

〈그림 4-9〉 만 5~7세 제3모형

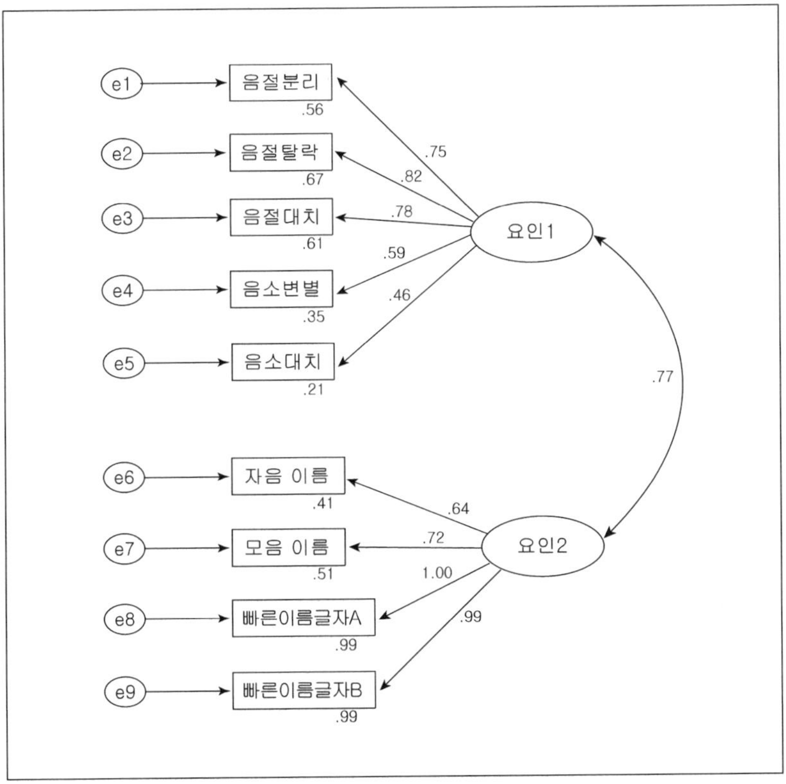

〈그림 4-10〉 만 5~7세 제4모형

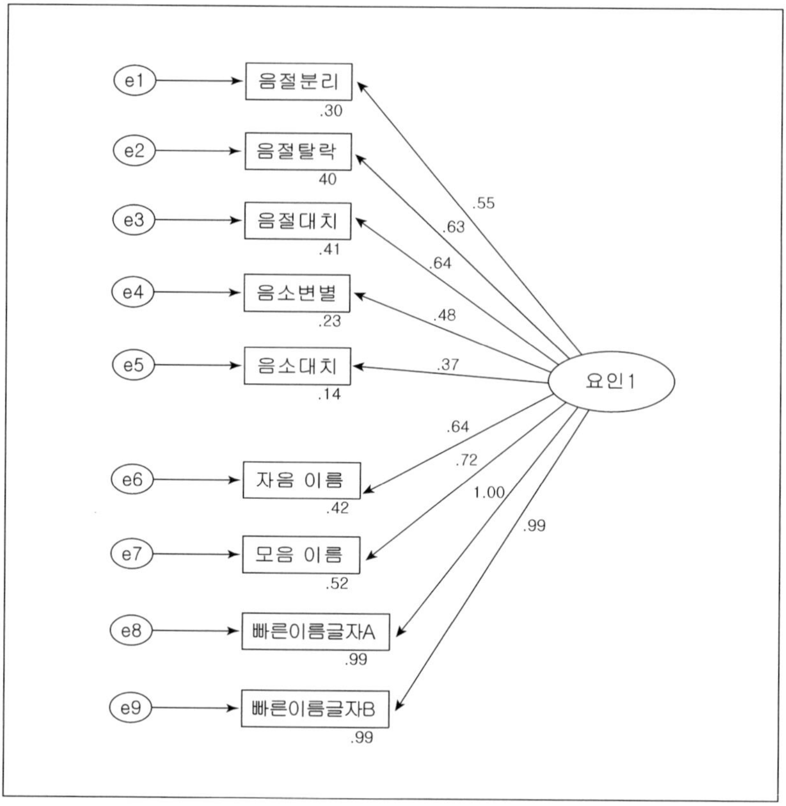

〈그림 4-11〉 만 5~7세 제5모형

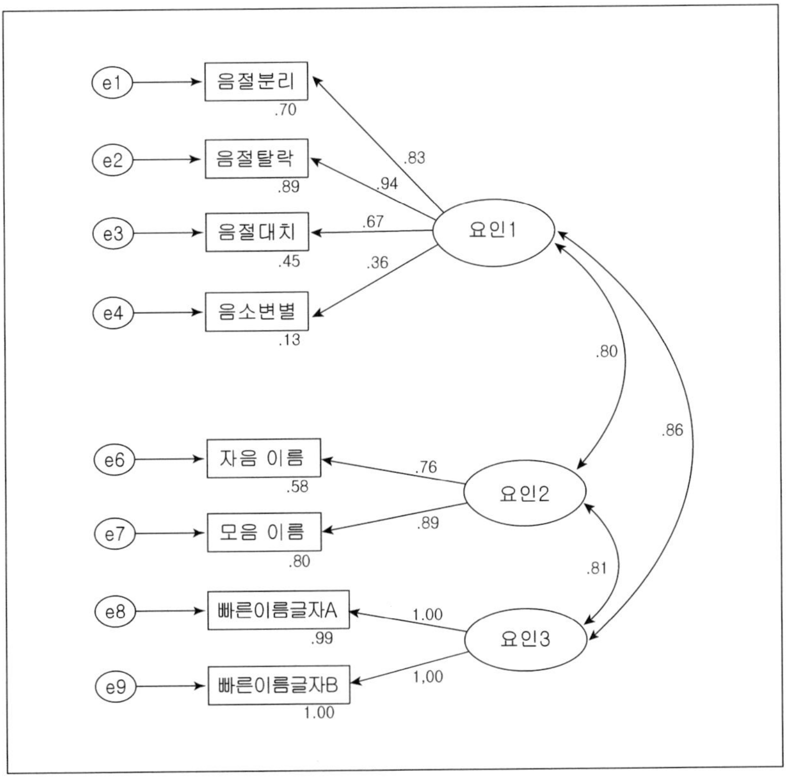

〈그림 4-12〉 만 4세 제1모형

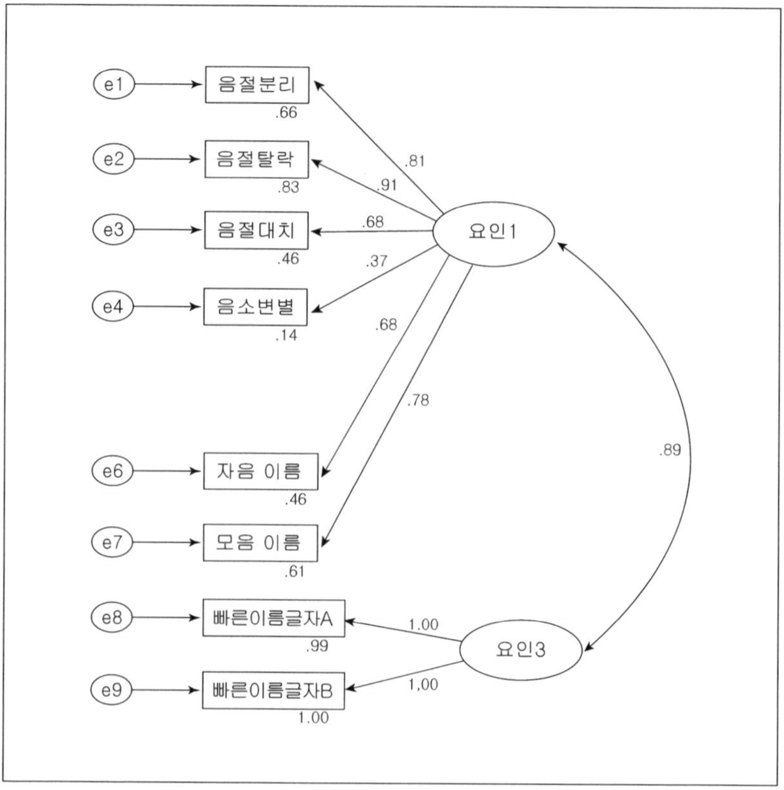

〈그림 4-13〉 만 4세 제2모형

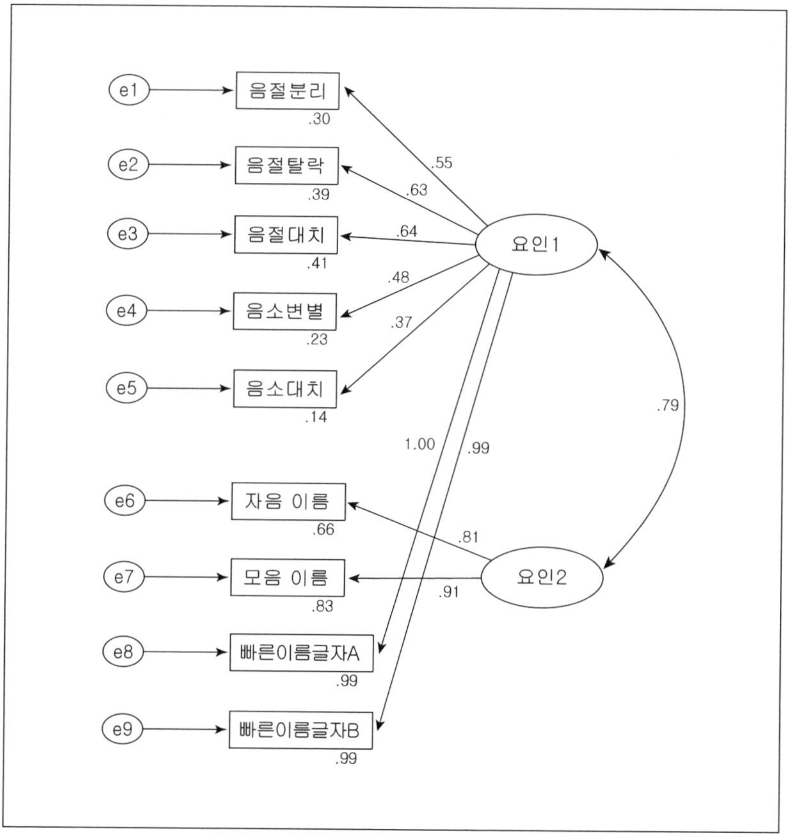

〈그림 4-14〉 만 4세 제3모형

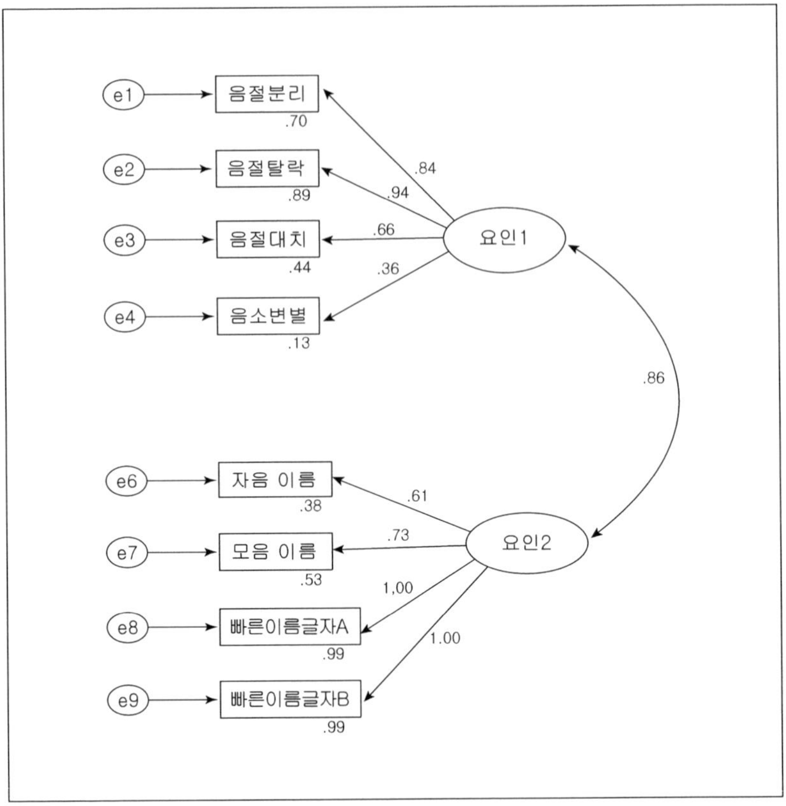

〈그림 4-15〉 만 4세 제4모형

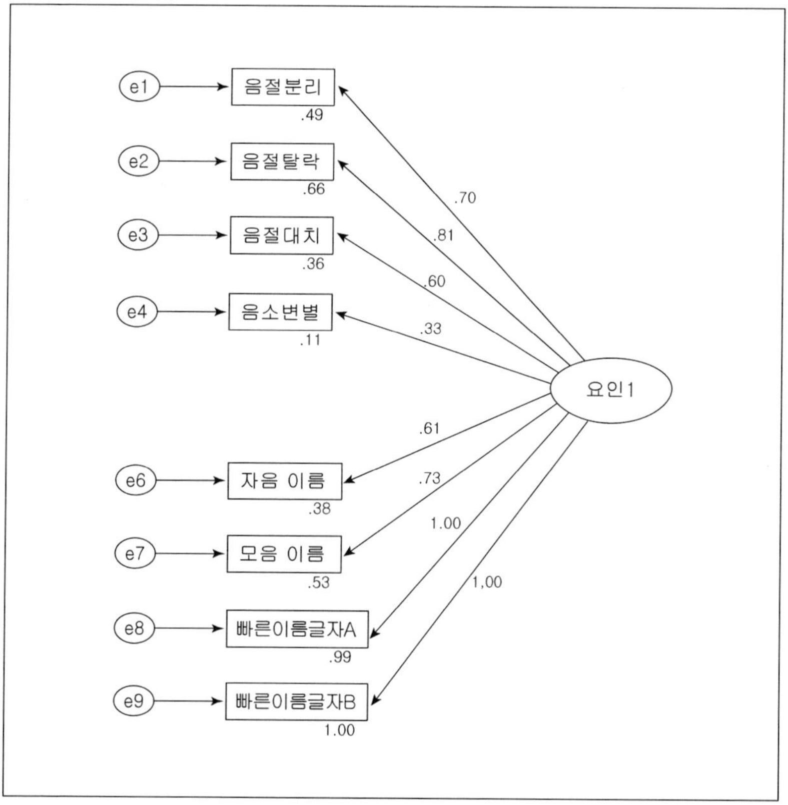

〈그림 4-16〉 만 4세 제5모형

② 연령차이(Age Differentiation)

본 조기 읽기 검사의 소검사 점수가 연령별 차이를 나타내는지를 평균과 표준편차를 통해 알아보았다. 〈표 4-16〉에 제시된 바와 같이, 대부분 소검사의 원점수 평균은 연령이 증가함에 따라 함께 증가하는 패턴을 보였다.

또한 각 소검사의 연령별 평균과 연령 간의 상관관계 또한 〈표 4-17〉에 제시된 바와 같이, 모두 정적 상관으로 통계적으로 유의하게 나타났다.

〈표 4-16〉 최종 소검사 원점수의 연령별 평균 및 표준편차

최종 소검사	만 4세		만 5세		만 6세		만 7세	
	M	SD	M	SD	M	SD	M	SD
음운인식-음절분리	2.79	3.00	5.83	2.64	7.49	1.35	7.70	1.18
음운인식-음절탈락	2.77	3.05	5.73	2.60	7.57	0.80	7.78	0.69
음운인식-음절대치	1.09	1.86	2.87	2.64	5.35	2.36	6.33	2.15
음운인식-음소변별	3.40	2.53	4.80	2.71	6.51	2.01	6.90	1.82
음운인식-음소대치	-	-	-	-	5.35	2.36	6.33	2.15
자모지식-자음이름	5.46	6.43	11.74	6.90	16.94	2.32	17.20	2.19
자모지식-모음이름	3.91	6.00	8.73	7.49	16.53	4.82	18.78	2.80
빠른 자동 이름대기-글자	23.04	27.42	53.06	24.34	78.63	18.24	90.01	13.01

〈표 4-17〉 소검사의 연령별 평균과 연령 간 상관관계

	음운인식-음절분리	음운인식-음절탈락	음운인식-음절대치	음운인식-음소변별	음운인식-음소대치	자모지식-자음이름	자모지식-모음이름	빠른 자동 이름대기-글자
연령과의 상관계수	.605	.631	.658	.495	.422	.632	.699	.743

(3) 공인타당도

본 조기 읽기 검사 점수와 KISE 기초학력검사—음독 검사 점수와의 상관을 통해 공인타당도를 검증하였다. 구체적으로 각 소검사 점수와 KISE 기초학력검사—음독 검사 점수와의 상관을 살펴보았다. 〈표 4-18〉를 살펴보면 본 연구의 소검사 점수와 KISE 기초학력검사—음독 검사 간 상관이 양호한 것으로 평가할 수 있다.

〈표 4-18〉 공인타당도

	음운인식-음절분리	음운인식-음절탈락	음운인식-음절대치	음운인식-음소변별	음운인식-음소대치	자모지식-자음이름	자모지식-모음이름	빠른 자동이름대기-글자
KISE 기초학력 검사-음독	.550***	.563***	.616***	.527***	.466***	.646***	.693***	.666***

제5장

요약 및 논의

제5장 요약 및 논의

대부분의 아동들에게는 글을 읽는 것이 그리 어려운 일이 아니지만 어떤 아동들에게는 읽기가 매우 어려운 과제이며, 이러한 읽기에의 어려움은 상당히 일찍 나타나기 시작하여 오래도록 지속되기도 한다. 예를 들어 Juel(1988)은 초등학교 1학년 때 읽기에 어려움을 갖는 아동의 약 80%가 초등학교 4학년 때도 읽기에 어려움을 갖는다고 보고하였다. 이와 비슷하게 Scarborough(1995)는 초등학교 2학년 때의 읽기성취도와 6년 후의 읽기성취도 간에 .72의 상관이 있다고 보고하였다. 또한 이러한 어려움이 조기에 중재되지 않고 초등학교 2학년 말까지 지속될 경우에는 읽기 성취도를 향상시키는 것이 어려워진다고 하였다(Good, Simmons, & Smith, 1998; Juel, 1988; Torgesen, 2002).

이러한 연구 결과들은 조기선별(early screening)과 조기중재(early intervention)의 중요성을 부각시켜, 영어권을 중심으로 조기중재를 필요로 하는 위험군 아동들을 조기에 선별할 수 있는 조기 읽기 검사의 개발이 활발하게 이루어졌다. 현재 영어권에서 널리 사용되고 있는 신뢰도와 타당도를 갖춘 조기 읽기 검사(예: Dynamic Indicators of Basic Early Literacy Skills)들은 약 30년간의 연구 결과를 기반으로 개발되었는데, 특히 향후 읽기능력을 예측하는 변인들에 관한 연구들의 결과를 기반으로 개발되었다. 즉 신뢰도와 타당도를 갖춘 연구기반 조기 읽기 검사로 평가받기 위해서는 철저한 이론 고찰을 통해 선별된 예측변인들 중 읽기능력을 유의하게 예측하는 변인이 무엇인지를 밝히고, 이러한 변인들로 검사를 구성한 후 신뢰도와 타당도를 검증하여야 한다.

국내에서는 1990년대 중반 이후부터 현재까지 읽기능력에 대한 예측변인을 밝히고자 하는 노력이 이루어져 왔지만, 아직 신뢰도와 타당도를 갖춘 연구기반 조기 읽기 검사가 부족한 상황이다. 따라서 본 연구에서는 한글 읽기능력을 예측하는 변인들은 무엇인지를 밝히고, 이러한 변인을 기반으로 연구기반 조기 읽기 검사를 개발하고자 하였다. 이를 위해 크게 두 가지 연구를 진행하였는데, 첫째 읽기능력에 대한 예측력이 높은 변인들을 밝히는 1년 추적연구를 실시하였다. 둘째, 추적연구를 통해 밝혀진 예측력이 높은 변인들을 중심으로 조기 읽기 검사를 구성한 후, 본 조기 읽기 검사의 신뢰도와 타당도를 검증하고자 하였다. 다음은 두 연구의 결과에 대한 요약 및 논의이다.

우선 추적연구에서는 5세와 6세 아동을 대상으로 1년 간 추적검사를 실시하여 단어인지에 대한 예측변인들을 살펴보고자 하였다. 단어인지 능력을 예측하는 변인은 검사의 유형(연구자 개발 단어인지 검사, KISE 기초학력검사–음독)별로 다소 차이가 있기는 하였지만, 7세의 경우 6세 때 측정한 자모이름, 빠른 자동 이름대기, 음운기억(단기기억, 작동기억), 음운인식으로 나타났다. 6세의 경우에는 5세 때 측정한 자모이름과 빠른 자동 이름대기가 단어인지 능력을 예측하는 변인으로 나타났다. 이러한 결과는 음운인식, 빠른 자동 이름대기, 자모지식, 음운기억이 단어인지를 예측하는 대표적인 변인으로 밝힌 선행문헌들과 비슷한 결과이다(김미경 · 서경희, 2003; 김선옥 · 조희숙, 2004; 이임숙 · 조증열, 2003; Bradley & Bryant, 1983; Juel, 1988; Schatschneider et al., 2004).

표준화 연구에서는 철저한 이론 고찰 및 추적연구 결과를 반영하여 조기 읽기 검사를 개발한 후, 신뢰도와 타당도 검증을 위한 표준화 검사를 만 4세부터 만 7세의 아동을 대상으로 실시하였다. 조기 읽기 검사의 개발과정을 좀 더 구체적으로 살펴보면 다음과 같다. 첫째, 선행 문헌 및 검사를 분석한 결과를 바탕으로 음운인식, 자모지식, 빠른 자동 이름대기, 음운기억 검사를 개발하였다. 특히 음운인식, 자모지식, 빠른 자동 이름대기 검사의 경우에는 연구들마다 하위검사를 어떻게 구성하는지에 차이를 보여서, 다양한 하위검사를 포함하는 포괄적인 검사(comprehensive assessments)로 구성하였다. 표준화 검사에 사용된 조기 읽기 검사는 18개의 음운인식 하위검사, 3개의 자모지식 하위검사, 2개의 빠른 자동 이름대기 하위검사, 2개의 음운기억 하위검사로 구성되었다. 둘째, 표준화 검사를 만 4세부터 7세 아동을 대상으로 실시한 후, 간소화된 검사 구성을 위한 분석을 실시하였다. 즉 총 25개 하위검사 중 읽기능력에 대한 예측력이 유의하게 높은 검사를 밝히고, 이를 선택적으로 포함하는 간소화된 조기 읽기 검사를 구성하고자 하였다. 그 결과, 간소화된 조기 읽기 검사는 5개의 음운인식 하위검사(음절분리, 음절탈락, 음절대치, 음소변별, 음소대치), 2개의 자모지식 하위검사(자음이름, 모음이름), 1개의 빠른 자동 이름대기 하위검사(글자)를 포함하는 것으로 구성하였다. 셋째, 간소화 과정을 통해 마련된 조기 읽기 검사의 최종안에 대한 신뢰도 및 타당도 분석을 실시하였다.

조기 읽기 검사의 신뢰도는 문항내적 합치도와 측정의 표준오차를 통해 검증하였다. 그 결과, 문항내적 합치도는 .879~.993으로 높게 나타났고, 측정의 표준오차는 .251~1.044로 낮게 나왔다. 이러한 결과는 본 조기 읽기 검사의 신뢰도가 만족스러운 수준임을 보여주는 것이라고 하겠다.

조기 읽기 검사의 타당도는 내용타당도, 구인타당도, 공인타당도로 검증하였다. 첫째, 조기 읽기 검사는 국내외 선행 문헌 및 선행 검사를 기반으로 개발하였으므로 내용타당도가 높은 것으로 판단할 수 있을 것이다. 둘째, 본 선별검사의 구인타당도는 확인적 요인분석과 연령차이 분석을 통해 확인하였다. 그 결과 조기 읽기 검사를 구성하는 음운인식, 빠른 자동 이름대기, 자모지식 소검사는 서로 독립적인 요인임이 지지되었으며, 소검사의 원점수 평균은 연령이 증가함에 따라 함께 증가하는 패턴을 보이는 것으로 확인되었다. 셋째, 조기 읽기 검사와 KISE 기초학력검사-음독 간 상관을 통해 살펴본 공인타당도가 .425~.693로 양호한 것으로 평가되었다. 이러한 결과는 본 조기 읽기 검사의 타당도가 만족스러운 수준임을 보여주는 것이라고 하겠다.

본 조기 읽기 검사는 다음과 같이 활용할 수 있을 것이다. 첫째, 일반 아동을 대상으로 조기 읽기능력을 평가하는 목적으로 사용할 수 있다. 전반적인 읽기 관련 성취는 어느 정도인지, 그리고 각 소검사별 성취는 어느 정도인지를 파악할 수 있다. 둘째, 학습장애 위험군 아동을 조기 선별하는 목적으로 사용할 수 있다. 셋째, 대상아동의 읽기 특성에 적절한 교육적 지원을 계획하는데 필요한 정보를 제공하는 목적으로 사용할 수 있다.

한편 본 조기 읽기 검사를 활용할 때의 유의점은 다음과 같다. 첫째, 조기 읽기 검사는 본 검사의 이론적 배경, 본 검사의 실시 및 채점 방법, 결과 해석에 대한 충분한 이해가 있는 검사자가 사용하여야 한다. 둘째, 조기 읽기 검사는 위험군 아동을 조기에 선별하는 목적으로 개발된 것이지 학습장애 아동을 진단하는 목적으로 개발된 것이 아니기 때문에 이 결과로 학습장애를 진단하는 것은 바람직하지 않을 것이다.

| 참고문헌 |

강범모 · 김흥규. 2004. 『한국어 형태소 및 어휘 사용 빈도의 분석 2』, 서울: 고려대학교 민족문화연구원.

고선희 · 최경순 · 황민아. 2009. "읽기 폭 과제로 측정한 정상아동의 작업기억 발달". 『언어청각장애연구』, 14(3), 303-312.

김광해. 2003. 『등급별 국어교육용 어휘』. 서울: 박이정.

김기서. 1992. "중학교 3학년 국어 교과서에 쓰인 어휘 빈도 조사". 미간행 석사학위 논문, 경기대학교 대학원, 경기.

김동일 · 박춘성 · 최종근 · 김익수. 2006. "초등학교 저학년 일반학급 및 특수학급 아동의 읽기 유창성 발달 특성 분석". 『교육심리학회』, 20(2), 425-442.

김미경 · 서경희. 2003. "읽기장애 아동의 음운처리 능력 특성 연구". 『특수교육저널: 이론과 실천』, 4(4), 241-258.

김상순. 1995. "국민학교 국어 교과서의 어휘 실태 조사 연구(3 · 4학년 '읽기'교과서를 중심으로)". 『교육논총』, 125, 75-108.

김선옥 · 조희숙. 2004. "유아의 음운 처리과정이 읽기에 미치는 영향(단어 읽기와 문장 읽고 이해하기를 중심으로)". 『유아교육학회』, 24(1), 215-240.

김선옥. 2005. "유아의 읽기에 영향을 미치는 변인 연구". 『유아교육학회』, 25(1), 129-146.

김선옥 · 조희숙. 2006. "유아의 읽기에 대한 음운처리과정, 글자지식 및 언어능력의 영향력 분석". 『유아교육연구』, 26(1), 123-147.

김애화. 2006. "수학 학습장애 위험학생 조기선별검사 개발: 교육과정중심측정 원리를 반영한 수감각검사". 『특수교육학연구』, 40(4), 103-133.

김애화. 2007. "국내 음운인식 검사 개발을 위한 선행 검사 분석". 『특수교

육저널: 이론과 실천』, 8(2), 139-167.
김애화 · 김의정. 2012. “초등학생의 어휘 특성 연구: 반대말과 비슷한 말 검사를 통한 어휘 발달 패턴 및 오류 유형 분석”. 『교과교육학연구』.
김애화 · 강은영. 2010. “초등학교 읽기장애 학생과 일반 학생의 단어인지 특성 비교 연구: 단어인지 수행력 및 오류 패턴 비교”. 『언어청각장애연구』, 15(4), 632-647.
김애화 · 김의정 · 유현실 · 황민아 · 박성희. 2011. “초등학생의 단어인지와 읽기유창성에 대한 예측변인 연구”. 『초등교육연구』, 24(1), 277-303.
김애화 · 김의정 · 황민아 · 유현실. 2013. 읽기 성취 및 읽기 인지처리능력 검사. 서울: 학지사.
김애화 · 박성희. 2010. “초등학교 읽기장애 학생과 일반 학생의 읽기유창성 특성 및 오류 유형 비교 연구”. 『특수교육저널: 이론과 실천』, 11(4), 323-344.
김애화 · 박성희 · 김주현. 2010. “초등학생의 읽기유창성 특성 연구: 읽기유창성 발달 패턴 및 오류 유형 분석”. 『언어청각장애연구』, 15(1), 43-55.
김애화 · 유현실 · 김의정. 2010b. “음운인식, 빠른 자동 이름대기, 자모지식, 단기기억, 작동기억과 한글 단어인지 능력 간의 관련성에 관한 연구: 읽기장애 조기선별을 위한 기초연구”. 『특수교육학연구』, 45(1), 247-267.
김애화 · 유현실 · 김의정. 2010c. “취학전 및 초등학교 1학년 아동의 음운인식 구조 탐색 연구”. 『초등교육연구』, 23(3), 173-192.
김애화 · 유현실 · 김의정. 2010d. “한국형 학습장애 진단 모형 탐색: 읽기 성취와 읽기 심리처리를 통한 읽기장애 진단 모형”. 『학습장애연구』, 8(2), 47-64.
김애화 · 김의정 · 유현실 · 황민아 · 박성희. 2011. “초등학생의 단어인지와 읽기유창성에 대한 예측변인 연구”. 『초등교육연구』, 24(1), 277-303.
김애화 · 임화경 · 박성희. 2009. “초등학생의 단어인지 특성 연구”. 『특수교육학연구』, 44(2), 157-184.

김애화 · 황민아. 2008. "초등학교 고학년의 읽기능력에 영향을 미치는 읽기관련변인에 관한 연구". 『언어청각장애연구』, 13(1), 1-25.
김저옥. 2004. "초등학교 읽기 교과서 어휘 연구: 1학년을 중심으로". 미간행 석사학위 논문, 동아대학교 교육대학원, 부산.
김현자 · 조증열. 2001. "학령 전 아동에서 음운인식, 시각지각 및 한글 읽기와의 관계". 『한국심리학회지 발달』, 14(2), 15-28.
박권생. 1993. "한글 단어 재인에 관여하는 정신 과정". 『한국심리학회지 인지 및 생물』, 5(1), 40-55.
박권생. 2002. "한글 단어 처리와 음운부호: 그림-단어 과제에서 수집된 증거". 『한국심리학회지 인지 및 생물』, 14(1), 1-14.
박현숙. 1999. "읽기장애의 오류 유형 분석을 통한 비공식적 평가 방법에 관한 연구". 『재활복지』, 3(2). 20-39.
배소영 · 곽금주. 2007. *MacArthur-Bates Communicative Development Inventories-Korean(M-B CDI-K)*. 서울: 서울대학교.
서상규 · 남윤진 · 진기호. 1998. 『한국어 교육을 위한 기초어휘 선정』. 문화관광부 한국어세계화추진위원회.
윤혜경. 1997. "아동의 한글읽기발달에 관한 연구: 자소-음소대응규칙의 터득을 중심으로". 미간행 박사학위논문, 부산대학교 대학원, 부산.
이광오. 1996. "한글 글자열의 음독과 음운규칙". 『한국 심리학회지: 실험 및 인지』, 8(1), 1-24.
이대식. 2001. "학습장애 진단과 판별: 불일치 기준의 문제점과 교과별 기초학습기능의 역할". 『정서 · 학습장애연구』, 17(2), 19-41.
이상민. 1992. "말하기 · 듣기의 언어 지식에 대하여". 어문학교육, 14, 46-67.
이상훈. 1999. "학습장애아의 정의와 사정에 대한 논의". 『정서 · 학습장애연구』, 15(2), 101-120.
이원령, 이상복. 2003. "음운인식훈련을 통한 읽기장애아동의 음운인식 변화와 읽기능력에 관한 연구". 『정서 · 행동장애연구』, 19(4), 401-424.
이일화. 2005. "읽기 저성취 초등학생의 언어 지식과 독해력과의 관계". 미간행 박사학위논문, 서울대학교 대학원, 서울.
이일화 · 김동일. 2003. "읽기유창성과 독해력 수준과의 관계". 『교육심리연구』, 17(4), 1-24.
이임숙 · 조증열. 2003. "초등학생의 읽기와 인지-언어적 변인들과의 인과적 관계". 『한국심리학회지 발달』, 16(4), 211-225.
이혜숙 · 박현숙. 1999. "읽기장애 아동과 비장애 아동의 음운처리과정 및 읽기재인간 비교연구". 『언어청각장애연구』, 4, 79-102.
임오심. 2002. "중학교 1학년 1학기 국어 교과서의 어휘 분석: 제7차 국어과 교육과정을 바탕으로". 미간행 석사학위 논문, 동국대학교 교육대학원, 서울.
정대영. 1998. "학습장애의 개념 · 분류 · 진단". 『현장특수교육』, 1998년 여름호.
정미란. 2009. "초등학교 3-6학년 읽기이해 부진학생의 읽기이해력 예측변인 탐색". 미간행 박사학위논문, 단국대학교 대학원, 서울.
정성미. 2002. "초등학교 저학년 국어교재의 어휘구성 변천에 관한 연구". 미간행 석사학위논문, 울산대학교 교육대학원, 울산.
조증열. 2001. "범주화 과제에서 한글단어의 빈도효과". 『한국심리학회지 인지 및 생물』, 13(2), 113-131.
최나야 · 이순형. 2008. "유아의 단어읽기 능력 예측변수-연령 집단별, 단어 유형별 분석". 한국가정관리학회지』, 26(4), 41-54.
최나야 · 이순형. 2007. "음운론적 인식과 처리능력이 4-6세 유아의 한글 단어 읽기에 미치는 영향". 『아동교육학회』, 28(4), 73-95.
코마츠 요시타카 · 김정오. 2004. "한글 단어재인에서 음운정보가 우선적으로 처리되는가?". 『한국심리학회지 인지 및 생물』, 16(4), 501-516.
코마츠 요시타카 · 김정오. 2005. "한글 단어재인에서 음변화규칙과 음운부호의 관계". 『한국심리학회지 인지 및 생물』, 17(2), 131-149.

Adams, M. 1990. *Beginning to read: Thinking and learning about print. Cambridge*, MA: MIT.

Aidinis, A., & Nunes, T. 2001. "The role of different levels of phonological awareness in the development of reading and spelling in Greek". *Reading and Writing: An Interdisciplinary Journal*, *14*(1-2), 145-177.

Allington, R. L. 1983. "Fluency: The neglected reading goal". *Reading Teacher*, *36*(6), 556-561.

Anastasi, A., & Urbina, S. 1997. *Psychological testing* (7th ed.), Prentice Hall, Upper Saddle River, NJ.

Baddley, A. D., & Hitch, G. 1974. "Working memory". In G. A. Bower(Ed.). *Recent advances in learning and motivation*, New York: Academic Press. 8, 47-90.

Baker, L. 1982. "An evaluation of the role of metacognitive deficits in learning disabilities". *Topics in Learning and Learning Disabilities*, *2*, 27-35.

Barth, A., Catts, H., & Anthony, J. 2009. "The component skills underlying reading fluency in adolescent readers: a latent variable analysis". *Reading and Writing*, *22*(5), 567-590.

Baumann, J. F., & Kameenui, E. J. 1991. "Research on vocabulary instruction: Ode to Voltaire". In J. Flood, J. M. Jensen, D. Lapp, & J. R. Squire (Eds.), *Handbook of research on teaching the English language arts*(pp. 604-632). New York: Macmillan.

Beck, I. L., & McKeown, M. G. 1991. "Social studies texts are hard to understand: Mediating some of the difficulties (Research Directions)". *Language Arts*, *68*(6), 482.

Berninger, V. W., Abbott, R. D., Billingsley, F., & Nagy, W. 2001. "Processes underlying timing and fluency of reading: Efficiency, automaticity, coordination, and morphological awareness". In M. Wolf (Ed.), *Time, Fluency, and Dyslexia*. Timonium, MD: York Press.

Bertelli, R., Joanni, E., & Martlew, M. 1998. "Relationship between children's counting. ability and their ability to reason about number". *European Journal of Psychology of Education*, *13*, 371–384.

Blachman, B. A. 2000. "Phonological awareness". In M. L. Kamil, P. B. Mosenthal, P.D. Pearson, & R. Barr (Eds.), *Handbook of Reading Research*(pp. 483-502). Mahwah, NJ: Erlbaum.

Bowers, P. G. 1995. "Tracing symbol naming speed's unique contribution to reading disabilities over time". *Reading and Writing: An Interdisciplinary Journal*, *7*, 189-216.

Bowers, P. G., Golden, J., Kennedy, A., & Young, A. 1994. "Limits upon orthographic knowledge due to processes indexed by naming speed". In V. W. Berninger (Ed.), *The varieties of orthographic knowledge I: Theoretical and developmental issues* (pp. 173-218). Dordrecht, The Netherlands: Kluwer.

Bowers, P. G., & Swanson, L. B. 1991. "Naming speed deficits in reading disability: Multiple measures of a singular process". *Journal of Experimental Child Psychology*, *51*(2), 195.

Bradley, L., & Bryant, P. E. 1983. "Categorising sounds and learning to read-a causal connection". *Nature*, *301*, 419-421.

Baroody, A. J., & White, M. S. 1983. "The developmental of counting skills and number conservation". *Child Study Journal*, *13*, 95-105.

Baroody, A. J., & Wilkins, J. L. 1999. "The developmental of informal counting, number, and arithmetics skills and concepts". In J. V. Copley(Ed). *Mathematics in the early years* (pp.48-65). Washington, DC: National Association for the Education of Young Children.

Brown, J., Goodman, K., & Marek, A. 1996. *Studies in miscue analysis: An annotated biblilgraphy*. Newark, DE: International Reading Association.

Braze, D., Tabor, W., Shankweiler, D., & Mencl, E. 2007. "Speaking up for vocabulary: Reading skill differences in young adults". *Journal of Learning Disabilities*, *40*(3), 226-243.

Bryant, P. E., MacLean, M., Bradley, L. L., & Crossland, J. 1990. "Rhyme and alliteration, phonemic detection, and learning to read". *Developmental Psychology*, *26*, 429-438.

Calfee, R. G., Lindamood, P. and Lindamood, C. 1973. "Acoustic phonetic skills and reading: Kindergarten through twelfth grade". *Journal of Educational Psychology*, *64*, 293-298.

Catts, H. W., Fey, M. E., Zhang, X., & Tomblin, B. 1999. "Language basis of reading and reading disabilities: Evidence from a longitudinal investigation". *Scientific Studies of Reading*, *3*, 331-361.

Chard, D. J., & Dickson, S. V. 1999. "Phonological awareness: Instructional and assessment guidelines". *Intervention in School and Clinic, 34*(5), 261–270.

Cho, J. 2009. "Syllable and letter knowledge in early Korean hangul reading". *Journal of Educational Psychology, 101*(4), 938-947.

Cho, Jeung-Ryeul, McBride-Chang, Catherine. 2005. "Correlates of Korean Hangul Acquisition among Kindergartners and Second Graders". *Scientific Studies of Reading, 9*(1), 3-16.

Clarke, P., Hulme, C., & Snowling, M. 2005. "Individual differences in RAN and reading: A Response timing analysis". *Journal of Research in Reading, 28*(2), 73.

Compton, D. L. 2003. "Modeling the relationship between growth in rapid naming speed and growth in decoding skill in first-grade children". *Journal of Educational Psychology, 95*(2), 225.

Compton, D. L., Fuchs, D., Fuchs, L. S., & Bryant, J. D. 2006. "Selecting at-risk readers in first grade for early intervention: A two-year longitudinal study of decision rules and procedures". *Journal of Educational Psychology, 98*(2), 394.

Cossu, G., Shankweiler D., Liberman I. Y., & Gugliotta M. 1995. "Visual and phonological determinants of misreadings in a transparent orthography". *Reading and Writing: An Interdisciplinary Journal, 7*(3), 237.

Cossu, G., Shankweiler, D., Liberman, I. Y., Katz, L., & Tola, G. 1988. "Awareness of phonological segments and reading ability in Italian children". *Applied Psycholinguistics, 9*, 1-16.

Cutting, L. E., & Scarborough, H. S. 2006. "Prediction of reading comprehension: Relative contributions of word recognition, language proficiency, and other cognitive skills can depend on how comprehension is measured". *Scientific Studies of Reading, 10*, 277-299.

Daly, E. J., & Martens, B. K. 1994. "A comparison of three interventions for increasing oral reading performance: Application of the instructional hierarchy". *Journal of Applied Behavior Analysis, 27*(3), 459.

Daneman, M., & Capenter, P. A. 1980. "Individual differences in working memory and reading". *Journal of Verbal Learning and Verbal Behavior, 19*, 450-466.

DeJong, P. F., & van der Leij, A. 1999. "Specific contributions of phonological abilities to early reading acquisition: Results from a Dutch latent variable longitudinal study". *Journal of Educational Psychology*, *91*, 450–476.

DeJong, P. F., & van der Leij, A. 2002. "Effects of phonological abilities and linguistic comprehension on the development of reading". *Scientific Studies of Reading*, 6(1), 51-77.

Denckla, M. B. 1994. "Measurement of executive function". In G. R. Lyon (Ed.), *Frames of reference for the assessment of learning disabilities* (pp. 117-142). Baltimore: Brookes.

Denckla, M. B., & Rudel, R. G. (1976). "Rapid automatized naming (RAN): Dyslexia differentiated from other learning disabilities". *Neuropsychologia*, 14, 471-479.

Deno, S. L. 1985. "Curriculum-Based Measurement: The Emerging Alternative". *Exceptional Children*, *52*(3), 219.

Di Filippo, G., Brizzolara, D., Chilosi, Deluca, M., Judica, A., Pecini, C., et al. 2005. "Rapid naming, not cancellation speed or articulation rate, predicts reading in an orthographically regular language". *Child Neuropsychology*, *11*(4), 349-361.

Dreyer, L. G, & Katz, L. 1992. "An examination of "The simple view of reading". *National Reading Conference Yearbook*, *41*, 169-175.

Duke, N. K. 2007. *Catch it if you can: Some directions for reading comprehension research*. Paper presented in at the American Reading Forum.

Ehri, L. C. 1995. "Phases of development in learning to read words by sight". *Journal of Research in Reading*, *18*(2), 116-125.

Ehri, L. C. 2005. "Learning to read words: Theory, findings, and issues". *Scientific Studies of Reading*, 9(2), 167-188.

Ehri, L. C., & McCormick, S. 1998. "Phases of word learning: Implications for instruction with delayed and disabled readers". *Reading and Writing Quarterly: Overcoming Learning Difficulties*, *14*(2), 135-163.

Ehri, L. C., & Robbins, C. 1992. "Beginners need some decoding skill to read words by analogy". *Reading Research Quarterly*, *27*(1), 12-27.

Ellis, N. C. & Hooper, A. M. 2001. "Why learning to read is easier in

Welsh than in English: Orthographic transparency effects evinced with frequency-matched tests". *Applied Psycholinguistics*, *22*(4), 571.

Englert, C. S., Raphael, T. E., Fear, K. L., & Anderson, L. M. 1988. "Students' metacognitive knowledge about how to write informational texts". *Learning Disability Quarterly*, 11, 18-46.

Feagans, L., & Appelbaum, M. I. 1986. "Validation of language subtypes in learning disabled children". *Journal of Educational Psychology*, *78*(5), 358-364.

Flanagan, D. P., Ortiz, S. O., Alfonso, V. C, & Mascolo, J. T. 2002. *The achievement test desk reference (ATDR): Comprehensive assessment and learning disabilities*. Boston: Allyn & Bacon.

Fletcher, J. M., Foorman, B. R., Boudousquie, A. B., Barnes, M. A., Schatschneider, C., & Francis, D. J. 2002. "Assessment of reading and learning disabilities: A research-based, intervention-oriented approach". *Journal of School Psychology*, *40*, 27-63.

Frost, R. 1994. "Prelexical and postlexical strategies in reading: Evidence from a deep and a shallow orthography". *Journal of Experimental Psychology: Learning, Memory, and Cognition*, *19*, 23-33.

Fuchs, L. S., & Deno, S. L. 1991. "Paradigmatic distinctions between instructionally relevant measurement Models". *Exceptional Children*, *57*(6), 488.

Georgiou, G., Das, J. P., & Hayward, D. 2009. "Revisiting the "simple view of reading" in a group of children with poor reading comprehension". *Journal of Learning Disabilities*, *42*, 76-84.

Goodman, K. S. 1969. "Analysis of oral reading miscues". *Applied psycholinguistics*, *5*(1), 9-30.

Goodman, K. S. 1973. *Miscue analysis: Applications to reading instruction*. Urbana, Ill.: National Council of Teachers of English.

Good, R. H., Simmons, D. C., Smith, S. B. 1998. "Effective academic interventions in the United States: evaluating and enhancing the acquisition of early reading skills". *Educational and Child Psychology*, *15*(1), 56-70.

Goswami, U., Gombert, J. E., & de Barrera, L. F. 1998. "Children's orthographic representations and linguistic transparency: Nonsense word reading in English, French, and Spanish". *Applied Psycho-*

linguistics, *19*(1), 19.

Gough, P. B., & Tunmer, W. E. 1986. "Decoding, reading, and reading disability". *Remedial and Special Education*, *7*, 6-10.

Graham, S., Harris, K. R., MacArthur, C., & Schwartz, S. 1991. "Writing and writing instruction for students with learning disabilities: Review of a research program". *Learning Disability Quarterly*, *14*, 89-114.

Graves, M. F. 1986. "Vocabulary learning and instruction". In E. Z. Rothkopf (Ed.), *Review of research in education*, *13*, 49-89.

Greaney, K. T., Tunmer, W. E., & Chapman, J. W. 1997. "Effects of rime-based orthographic analogy training on the word recognition skills of children with reading disability". *Journal of Educational Psychology*, *89*(4), 645-651.

Griffin, S. A., Case, R., & Siegler, R. S. 1994. "Rightstart: Providing the central conceptual prerequisites for first formal learning of arithmetic to students at risk for school failure". In K. McGilly (Ed). *Classroom lessons: Integrating cognitive theory and classroom practice* (pp. 25-49). Cambridge, MA: The MIT Press.

Gunning, T. G. 2002. *Assessing and correcting reading and writing difficulties*(2nd ed.). Boston, MA: Allyn and Bacon.

Hammill, D. D. 1990. "On defining learning disabilities: An emerging consensus". *Journal of Learning Disabilities*, *23*(2), 74-84.

Harris, M., & Giannouli, V. 1999. "Learning to read and spell in Greek: The importance of letter knowledge and morphological awareness". In M. Harris & G. Hatano (Eds.), *Learning to read and write: A cross-linguistic perspective* (pp. 51–70). Cambridge: Cambridge University Press.

Harris, T., & Hodges, R. (Eds.). 1995. *The literacy dictionary: The vocabulary of reading and writing*. Newark, DE: International Reading Association.

Hart, Betty, and Risley, Todd R. 1995. *Meaningful differences in the everyday experience of young American children*. Baltimore, MD: Paul H. Brookes.

Hoien, T., Lunderberg, I., Stanovich, K. E., & Bjaalid, I. K. 1995. "Component of phonological awareness". *Reading and Writing*, 7,

171-188.

Holopainen, L. Ahonen, t., Tolvanen, A., & Lyytinen. H. 2000. "Two alternative ways to model the relation between reading accuracy and phonological awareness at preschool age". *Scientific Studies of Reading*, *4*, 77-100.

Hoover, W. A., & Gough, P. B. 1990. "The simple view of reading". *Reading and Writing: An Interdisciplinary Journal*, *2*, 127-160.

Hosp, M. K., & Fuchs, L. S. 2005. "Using CBM as an indicator of decoding, word reading, and comprehension: Do the relations change with grade?". *School Psychology Review*, *34*(1), 9-26.

Hoxhallari, L., van Daal, V. H. P., & Ellis, N. C. 2004. "Learning to read words in Albanian: A skill easily acquired". *Scientific studies of reading*, *8*(2), 153-166.

Hurford, D. P., Johnston, M., Nepote, P., Hampton, S., Moore, S., Neal, J. 1994. "Early identification and remediation of phonological-processing deficits in first-grade children at risk for reading disabilities". *Journal of Learning Disabilities*, *27*, 647-659.

Jansky, J. & de Hirsch, K. 1972. *Preventing reading failure*. New York: Harper and Row.

Jenkins, J. R., Fuchs, L. S., van den Broek, P., Espin, C., & Deno, S. L. 2003. "Sources of individual differences in reading comprehension and fluency". *Journal of Educational Psychology*, *95*, 719-729.

Juel, C. 1988. "Learning to read and write: A longitudinal study of 54 children from first through forth grade". *Journal of Educational Psychology*, *80*, 437-447.

Kameenui, E. J., & Simmons, D. C. 2001. "Introduction to this special issue: The DNA of reading fluency". *Scientific Studies of Reading*, *5*, 203-210.

Katz. L., & Feldman, L. B. 1983. "Relation between pronunciation and recognition of printed words in deep and shallow orthographies". *Journal of Experimental Psychology: Learning, Memory, and Cognition*, *9*, 157-166.

Kim, Y. S. 2009. "The foundation of literacy skills in Korean: The relationship between letter-name knowledge and phonological awareness and their relative contribution to literacy skills". *Reading and Writing*, *22*, 907-931.

Klingner, J. K., & Vaughn, S. 1996. "Reciprocal teaching of reading comprehension strategies for students with learning disabilities who use English as a second language". *Elementary School Journal*, *96*(3), 275.

LaBerge, D., & Samuels, S. J. 1974. "Toward a theory of automatic information process in reading". *Cognitive Psychology*, *6*, 293-323.

Landerl, K. & Wimmer, H. 2000. "Deficits in phoneme segmentation are not the core problem of dyslexia: evidence from German and English children". *Applied Psycholinguistics*, *21*, 243-262.

Landerl, K., Wimmer, H., & Frith, U. 1997. "The impact of orthographic consistency on dyslexia: A German-English comparison". *Cognition*, *63*, 315-334.

Landerl, K., & Wimmer, H. 2008. "Development of word reading fluency and spelling in a consistent orthography: An 8-year follow-up". *Journal of Educational Psychology*. *100*(1), 150-161.

Lapp, D., Flood, J., & Ranck-Buhr, W. 1995. "Using multiple text formats to explore scientific phenomena in middle school classrooms". *Reading and Writing Quarterly: Overcoming Learning Difficulties*, *11*, 173-186.

Lepola, J., Poskiparta, E., Laakkonen, E., & Niemi, P. 2005. "Development of and relationship between phonological and motivational process and naming speed in predicting word recognition in grade 1". *Scientific Studies of Reading*, *9*(4), 367-399.

Leppänen, U., Aunola, K., Niemi, P. & Nurmi, J. E. 2008. "Letter knowledge predicts Grade 4 reading fluency and reading comprehension". *Learning and Instruction*, *18*(6), 548-564.

Levy, B. A. & Lysynchuk, L. 1997. "Beginning word recognition: Benefits of training by segmentation and whole word methods". *Scientific Studies of Reading*, *1*, 359-387.

Liberman, I. Y., Shankweiler, D., Fischer, F. W., & Carter, B. 1974. "Explicit syllable and phoneme segmentation in the young child". *Journal of Experimental Child Psychology*, *18*, 201-212.

Lonigan, C. J., Burgess, S. R., & Anthony, J. L. 2000. "Development of emergent literacy and early reading skills in preschool children: Evidence from a latent variable longitudinal study". *Developmental Psychology*, *36*, 596-613.

Manis, F. R., Doi, L. M., & Bhadha, B. 2000. "Naming speed, phonological awareness, and orthographic knowledge in second graders". *Journal of Learning Disabilities*, *33*(4), 325-333.

Marciarille Le Vasseur, V., Macaruso, P. & Shankweiler, D. 2008. "Promoting gains in reading fluency: a comparison of three approaches". *Reading and Writing*, *21*(3), 205-230.

Masterson, J. 1993. "The performance of children with language-learning disabilities an two types of cognitive tasks". *Journal of Speech and Hearing Research*, *36*, 1026-1036.

McBride-Chang, C. & Kail, R. V. 2002. "Cross-cultural similarities in the predictors of reading acquisition". *Child Development*, *73*, 1392-1407.

Meyer, M. S. & Felton, R. H. 1999. "Repeated reading to enhance fluency: Old approaches and new directions". *Annals of Dyslexia*, *49*, 283-306.

Muter, V., Hulme, C., Snowling, M. & Taylor, S. 1997. "Segmentation, not rhyming, predicts early progress in learning to read". *Journal of Experimental Child Psychology*, *65*, 370-396.

Nation, K., & Hulme, C. 1997. "Phonemic segmentation, not onset-rime segmentation, predicts early reading and spelling skills". *Reading Research Quarterly*, *32*(2), 154-167.

National Reading Panel. 2000. *Report of the national reading panel. Teaching children to read: An evidence-based assessment of the scientific research literature on reading and its implications for reading instructions*. (NIH Publication No. 00-4769). Washington, DC: U.S. Government Printing Office.

Neuhaus, G. F., & Swank, P. R. 2002. "Understanding the relations between RAN letter subtest components and word reading in first-grade students". *Journal of Learning Disabilities*, *35*(2), 158.

Oakhill, J., Cain, K., & Bryant, P. 2003. "The dissociation of single-word reading and text comprehension: Evidence from component skills". *Language & Cognitive Processes*, *18*, 443-468.

Oney, B. & Goldman, S. R. 1984. "Decoding and comprehension skills in Turkish and English: Effects of the regularity of grapheme-phoneme correspondences". *Journal of Educational Psychology*, *76*(4), 557.

Ouellette, G. 2006. "What's meaning got to do with it: The role of vocabulary in word reading and reading comprehension". *Journal of Educational Psychology*, *98*, 554-566.

Ouellette, G., & Beers, A. 2010. "A not-so-simple view of reading: How oral vocabulary and visual-word recognition complicate the story". *Reading and Writing*, *23*, 189-208.

Parker, R., Hasbrouck, J. E., & Tindal, G. 1992. "Greater validity for oral reading fluency: Can miscues help?". *The Journal of Special Education*, *25*(4), 492-503.

Pflaum, S. W. 1979. "Oral reading error correction and cloze performance". *Reading World*, *19*, 168-178.

Pflaum, S. W. 1980. "Diagnosis of oral reading". *The Reading Teacher*, *33*, 278-284.

Porpodas, C. D. 1999. "Patterns of phonological and memory processing in beginning readers and spellers of Greek". *Journal of Learning Disabilities*, *32*, 406-416.

Ricketts, J., Nation, K., & Bishop, D. V. 2007. "Vocabulary is important for some, but not all reading skills". *Scientific Studies of Reading*, *11*, 235-257.

Roth, F. P., & Spekman, N. J. 1986. "Narrative discourse: Spontaneously-generated stories of learning disabled and normally achieving students". *Journal of Speech and Hearing Research*, *51*, 8-23.

Satz, P., Taylor, H. G., Friel, J., & Fletcher, J. M. 1978. "Some developmental and predictive precursors of reading disabilities: A six-year follow-up". In A. L. Benton & D. Pearl (Eds.), *Dyslexia: An appraisal of current knowledge* (pp. 457-501). New York: Oxford University Press.

Scarborough, H. S. 1998. "Predicting the future achievement of second graders with reading disabilities: Contributions of phonemic awareness, verbal memory, rapid serial naming, and IQ". *Annals of Dys-*

lexia, *48*, 115-136.

Schatschneider, C., Fletcher, J. M., Francis, D. J., Carlson, C. D., & Foorman, B. R. 2004. "Kindergarten prediction of reading skills: A longitudinal comparative analysis". *Journal of Educational Psychology*, *96*(2), 265-282.

Seigneuric, A.., E. M., Oakhill, J., & Yuill, N. 2000. "Working memory resources and children's reading comprehension". *Reading & Writing*, *13*, 81-103.

Seymour, P., Aro, M. & Erskine, J. M. 2003. "Foundation literacy acquisition in European languages". *British Journal of Psychology*, *94*, 143-174.

Seymour, P. H. K., Duncan, L. G., & Bolik, F. M. 1999. "Rhymes and phonemes in the common unit task: Replications and implications for beginning reading". *Journal of Research in Reading*, *22*(2), 113.

Simmons, D. C. & Kameenui, E. J. 1990. "The effect of task alternatives on vocabulary knowledge: A Comparison of students with and without learning disabilities". *Journal of Learning Disabilities*, *23*, 291-297.

Simmons, D. C. & Kame'enui, E. J. (Eds.), *What reading research tells us about children with diverse learning needs: Bases and basics*. Mahwah, NJ: Erlbaum.

Snowling, M., J., & Hulme, C. 1989. "A longitudinal case study of developmental phonological dyslexia". *Cognitive Neuropsychology*, *6*, 379-403.

Spencer, L. H., & Hanley, J. R. 2003. "The effects of orthographic consistency on reading development and phonological awareness: Evidence from children learning to read in Wales". *British Journal of Psychology*, *94*, 1-28.

Stanovich, K. E., Cunningham, A. E., and Cramer, B. B. 1984. "Assessing phonological Awareness in kindergarten children: Issues of task comparability". *Journal of Experimental Child Psychology*, *38*(2), 175-190.

Stanovich, K. E., & Siegel, L. S. 1994. "Phenotypic performance profile of children with reading disabilities: A regression-based tests of the phonological-core variable-difference model". *Journal of Educational*

Psychology, *86*(1), 24.

Swanson, H. L., & Howell, M. 2001. "Working memory, short-term memory, and speech rate as predictors of children's reading performance at different ages". *Journal of Educational Psychology*, *93*(4), 720-734.

Thorstad, G. 1991. "The effect of orthography on the acquisition of literacy skills". *British Journal of Psychology*, *82*, 527-537.

Tindal, G., & Parker, R. 1991. "Identifying measures for evaluating written expression". *Learning Disabilities Research and Practice*, *6*, 211-218.

Torgesen, J. K. 1980. "Conceptual and educational implications of the use of efficient task strategies by learning disabled children". *Journal of Learning Disabilities*, *13*, 364-371.

Torgesen, J. K. 2002. "The prevention of reading difficulties". *Journal of School Psychology*, *40*, 7-26.

Torgesen, J. K., Wagner, R. K., & Rashotte, C. A. 1994. "Longitudinal studies of phonological processing and reading". *Journal of learning Disabilities*, *27*, 276-286.

Torgesen, J. K., Wagner, R. K., Rashotte, C. A., Burgess, S., & Hecht, S. 1997. "Contributions of phonological awareness and rapid automatic naming ability to the growth of word-reading skills in second- to fifth-grade children". *Scientific Studies of Reading*, *1*(2), 161-185.

Treiman, R. 1985. "Onsets and rimes as units of spoken syllables: Evidence from children". *Journal of Experimental Child Psychology*, *39*(1), 161-181.

Vandervelden, J., & Siegel, L. S. 1995. "Phonological recoding and phoneme awareness in Early Literacy: A Developmental Approach". *Reading Research Quarterly*, *30*(4), 854.

Vaughn, S., Gersten, R., & Chard. D. J. 2000. "The underlying message in LD intervention research: Finding from research syntheses". *Exceptional Children*, *67*(1), 99-114.

Wagner, R. K., Torgesen, J. K., Laughon, P., Simmons, K., & Rahotte, C. A. 1993. "The development of young readers' phonological processing abilities". *Journal of Educational Psychology*, *85*, 1-20.

Wagner, R. K., Torgesen, J. K., & Rashotte, C. A. (1994). "Development of reading-related phonological processing abilities: New evidence of bidirectional causality from a latent variable longitudinal study". *Developmental Psychology*, *30*(1), 73-87.

Wagner, R. K., Torgesen, J. K., Rashotte, C. A., Hecht, S. A., Barker, T. A., Burgess, S. R., Donahue, J., & Garon, T. (1997). "Changing relations between phonological processing abilities and word-level reading as children develop from beginning to skilled readers: A 5-year longitudinal study". *Developmental Psychology*, *33*, 468-479.

Weber, R. 1968. "The study of oral reading errors: A survey of the literature". *Reading Research Quarterly*, *4*(1), 96-119.

Wiig, E. H., & Semel, E. M. (1975). "Productive Language Abilities in Learning Disabled Adolescents". *Journal of Learning Disabilities*, *8*, 578-586.

Williams, J. P. 1998. "Improving comprehension of disabled readers". *Annals of Dyslexia*, *48*, 213-238.

Wimmer, H. 1993. "Characteristics of developmental dyslexia in a regular writing system". *Applied Psycholinguistics*, *14*, 1-33.

Wimmer, H., & Goswami, U. 1994. "The influence of orthographic consistency on reading development: Word recognition in English and German Children". *Cognition*, *51*(1), 91-103.

Wimmer, H., Landerl, K., Linortner, R., & Hummer, P. 1991. "The relationship of phonemic awareness to reading acquisition: more consequence than precondition but still important". *Cognition*, *40*, 219-249.

Wimmer, H., Landerl, K., & Schneider, W. (1994). "The role of rhyme awareness in learning to read a regular orthography". *British Journal of Developmental Psychology 12*, 469–484.

White, T. G., Graves, M. F., and Slater, W. H. (1990). "Growth of reading vocabulary in diverse elementary schools: Decoding and word meaning". *Journal of Educational Psychology*, *82*(2), 281-290.

Wolf, M., & Bowers, P. 1999. "The "Double-Deficit Hypothesis" for the developmental dyslexias". *Journal of Educational Psychology*, *91*(3), 1-24.

Wurm, L. H., & Samuel, A. G. 1997. "Lexical inhibition and attentional allocation during speech perception: Evidence from phoneme monitoring". *Journal of Memory and Language*, *36*, 165-187.

Yap, R., & van der Leij, A. 1993. "Word processing in dyslexics: An automatic decoding deficit?". *Reading and Writing: An Interdisciplinary Journal*, *5*, 261-279.

Yopp, H. K. 1988. "The validity and reliability of phonemic awareness tests". *Reading Research Quarterly*, *23*, 159-177.

Yovanoff, P., Duesbery, L., Alonzo, J., & Tindal, G. 2005. "Grade-level invariance of a theoretical causal structure predicting reading comprehension with vocabulary and oral reading fluency". *Educational Measurement: Issues and Practice*, *24*(3), 4-12.

Yuill, N., & Oakhill, J. 1991. *Children's problems in text comprehension: An experimental investigation*. Cambridge Monographs & Texts in Applied Psycholinguistics.

부 록

부록 A	음운인식 검사의 예: 음절탈락

음절탈락

〈연습문항 1~2음절〉

1) 이번에는 선생님이랑 단어를 빼는 놀이를 할 거예요. 선생님이 /고추/에서 /고/를 빼고 말할 거예요. /고추/에서 /고/를 빼면, 이렇게 되요. /추/. 이번에는 ㅇㅇ가 /고추/에서 /고/를 빼고 말해보세요. [답: 추]

맞았을 때	틀렸을 때
잘했어요.	/고추/에서 /고/를 빼면, 이렇게 되요. /추/. /고추/에서 /고/를 빼고 말해보세요.

2) 이번에는 선생님이 /고추/에서 /추/를 빼고 말할 거예요. /고추/에서 /추/를 빼면, 이렇게 되요. /고/. 이번에는 ㅇㅇ가 /고추/에서 /추/를 빼고 말해보세요. [답: 고]

맞았을 때	틀렸을 때
잘했어요.	/고추/에서 /추/를 빼면, 이렇게 되요. /고/. /고추/에서 /추/를 빼고 말해보세요.

〈수행 1~2음절〉

1) 선생님을 따라하세요. /비누/. (학생이 '비누'라고 따라한다)
이번에는 /비/를 빼고 말해보세요. [답: 누]

____

2) 선생님을 따라하세요. /거울/. (학생이 '거울'이라고 따라한다)
이번에는 /거/를 빼고 말해보세요. [답: 울]

____

3) 선생님을 따라하세요. /배추/. (학생이 '배추'라고 따라한다)
이번에는 /추/를 빼고 말해보세요. [답: 배]

____

〈연습문항 2~3음절〉

1) 이번에는 선생님이랑 단어를 빼는 놀이를 할 거예요. 선생님이 /코끼리/에서 /코/를 빼고 말할 거예요. /코끼리/에서 /코/를 빼면 이렇게 되요. /끼리/. 이번에는 ㅇㅇ가 /코끼리/에서 /코/를 빼고 말해보세요. [답: 끼리]

맞았을 때	틀렸을 때
잘했어요.	/코끼리/에서 /코/를 빼면, 이렇게 되요. /끼리/. /코끼리/에서 /코/를 빼고 말해보세요.

2) 이번에는 선생님이 /코끼리/에서 /끼/를 빼고 말할 거예요. /코끼리/에서 /끼/를 빼면, 이렇게 되요. /코리/. 이번에는 ㅇㅇ가 /코끼리/에서 /끼/를 빼고 말해보세요. [답: 코리]

맞았을 때	틀렸을 때
잘했어요.	/코끼리/에서 /끼/를 빼면, 이렇게 되요. /코리/. /코끼리/에서 /끼/를 빼고 말해보세요.

3) 이번에는 선생님이 /코끼리/에서 /리/를 빼고 말할 거예요. /코끼리/에서 /리/를 빼면, 이렇게 되요. /코끼/. 이번에는 ㅇㅇ가 /코끼리/에서 /리/를 빼고 말해보세요. [답: 코끼]

맞았을 때	틀렸을 때
잘했어요.	/코끼리/에서 /리/를 빼면, 이렇게 되요. /코끼/. /코끼리/에서 /리/를 빼고 말해보세요.

〈수행 2~3음절〉

4) 선생님을 따라하세요. /개구리/. (학생이 '개구리'라고 따라한다)
이번에는 /개/를 빼고 말해보세요. [답: 구리]

____

5) 선생님을 따라하세요. /호랑이/. (학생이 '호랑이'라고 따라한다)
이번에는 /이/를 빼고 말해보세요. [답: 호랑]

____

6) 선생님을 따라하세요. /달팽이/. (학생이 '달팽이'라고 따라한다)
이번에는 /이/를 빼고 말해보세요. [답: 달팽]

____

7) 선생님을 따라하세요. /호랑이/. (학생이 '호랑이'라고 따라한다)
이번에는 /랑/을 빼고 말해보세요. [답: 호이]

____

8) 선생님을 따라하세요. /개구리/. (학생이 '개구리'라고 따라한다)
이번에는 /구/를 빼고 말해보세요. [답: 개리]

____

부록 B 자모지식 검사의 예: 자모이름

자모이름 검사: 자음 이름

〈연습문항〉

1) 지시문: 앞에 있는 종이에 글자가 써 있는데(손가락으로 가리키며) 어떤 글자죠?

ㄱ

맞았을 경우	틀렸을 경우
잘했어요. 이 글자는 "기역"입니다. 그럼, 다음 글자를 보세요.	이 글자는 "기역"입니다. 어떤 글자라고요? (학생의 답을 기다린다). 잘했어요. 그럼, 다음 글자를 보세요.

2) 지시문: 앞에 있는 종이에 글자가 써 있는데(손가락으로 가리키며) 어떤 글자죠?

ㄲ

맞았을 경우	틀렸을 경우
잘했어요. 이 글자는 "쌍기역"입니다.	이 글자는 "쌍기역"입니다. 어떤 글자라고요? (학생의 답을 기다린다). 잘했어요.

〈수 행〉

1) 앞에 있는 종이에 글자가 써 있는데(손가락으로 'ㄷ'을 가리키며) 어떤 글자죠? [답: 디귿]

____

2) (손가락으로 'ㅇ'을 가리키며) 어떤 글자죠? [답: 이응]

____

3) (손가락으로 'ㄴ'을 가리키며) 어떤 글자죠? [답: 니은]

____

4) (손가락으로 'ㅁ'을 가리키며) 어떤 글자죠? [답: 미음]

____

5) (손가락으로 'ㄹ'을 가리키며) 어떤 글자죠? [답: 리을]

____

6) (손가락으로 'ㅅ'을 가리키며) 어떤 글자죠? [답: 시옷]

____

7) (손가락으로 'ㄱ'을 가리키며) 어떤 글자죠? [답: 기역]

____

8) (손가락으로 'ㅂ'을 가리키며) 어떤 글자죠? [답: 비읍]

____

9) (손가락으로 'ㅈ'을 가리키며) 어떤 글자죠? [답: 지읒]

____

10) (손가락으로 'ㅎ'을 가리키며) 어떤 글자죠? [답: 히읗]

____

11) (손가락으로 'ㅊ'을 가리키며) 어떤 글자죠? [답: 치읓]

____

12) (손가락으로 'ㅍ'을 가리키며) 어떤 글자죠? [답: 피읖]

____

13) (손가락으로 'ㅌ'을 가리키며) 어떤 글자죠? [답: 티읕]

____

14) (손가락으로 'ㅋ'을 가리키며) 어떤 글자죠? [답: 키읔]

____

15) (손가락으로 'ㅆ'을 가리키며) 어떤 글자죠? [답: 쌍시옷]

____

16) (손가락으로 'ㅉ'을 가리키며) 어떤 글자죠? [답: 쌍지읒]

____

17) (손가락으로 'ㄸ'을 가리키며) 어떤 글자죠? [답: 쌍디귿]

____

18) (손가락으로 'ㅃ'을 가리키며) 어떤 글자죠? [답: 쌍비읍]

____

부록 C	빠른 자동 이름대기 검사의 예: 물체

빠른 자동 이름대기 검사 1: 물체

〈연습문항〉

1) 지시문: 앞에 있는 종이에 그림이 있는데, (손가락으로 한 그림씩 가리키며) 어떤 그림이죠?

맞았을 경우	틀렸을 경우
잘했어요. 이 그림은 모자입니다. 그럼, 다음 그림을 보세요.	이 그림은 모자입니다. 어떤 그림이라고요? (학생의 답을 기다린다). 잘했어요. 그럼 다음 그림을 보세요.

2) 지시문: (손가락으로 한 그림씩 가리키며) 어떤 그림이죠?

맞았을 경우	틀렸을 경우
잘했어요. 이 그림은 버스입니다. 그럼, 다음 그림을 보세요.	이 그림은 버스입니다. 어떤 그림이라고요? (학생의 답을 기다린다). 잘했어요. 그럼 다음 그림을 보세요.

3) **지시문:** (손가락으로 한 그림씩 가리키며) 어떤 그림이죠?

맞았을 경우	틀렸을 경우
잘했어요. 이 그림은 사과입니다. 그럼, 다음 그림을 보세요.	이 그림은 사과입니다. 어떤 그림이라고요? (학생의 답을 기다린다). 잘했어요. 그럼 다음 그림을 보세요.

4) **지시문:** (손가락으로 한 그림씩 가리키며) 어떤 그림이죠?

맞았을 경우	틀렸을 경우
잘했어요. 이 그림은 개미입니다. 그럼, 다음 그림을 보세요.	이 그림은 개미입니다. 어떤 그림이라고요? (학생의 답을 기다린다). 잘했어요. 그럼 다음 그림을 보세요.

5) **지시문:** (손가락으로 한 그림씩 가리키며) 어떤 그림이죠?

맞았을 경우	틀렸을 경우
잘했어요. 이 그림은 나비입니다.	이 그림은 나비입니다. 어떤 그림이라고요? (학생의 답을 기다린다). 잘했어요.

〈수 행〉

앞에 있는 종이에 그림들이 있어요. 선생님이 "시작"이라고 하면, (학생용 평가지의 처음 부분을 손가락으로 가리키고 계속해서 훑으면서 보여준다) 처음 그림부터 시작하여 "그만"이라고 할 때까지 최대한 정확하게, 그리고 최대한 빨리 말하세요. (연습문항을 보여주면서) 예를 들어, 선생님이 여기에 있는 그림을 최대한 정확하게, 그리고 최대한 빨리 말하면 이렇게 말해요. "모자, 버스, 사과, 개미, 나비." 자 이번에는 ○○가 해볼거예요. 선생님처럼 최대한 정확하게 그리고 최대한 빨리 말해보세요. (학생의 답을 기다린다) 잘했어요. 그림을 말하다가 모르는 그림이 나오면 선생님이 어떻게 해야 할지 알려 줄게요. 선생님이 "그만"이라고 하기 전에 다 끝나면, 다시 처음으로 돌아가서 읽으세요. 최선을 다하세요. 질문 있어요? (질문이 있으면 질문에 대답한다) 준비, 시작. (학생이 첫 문항을 말함과 동시에 초시계를 누르고 1분간 아동의 반응을 기록한 뒤 1분이 지나면 "그만"이라고 말한다)

부록 D　음운기억 검사의 예: 숫자 바로 따라하기

단기기억: 숫자 바로 따라 하기

〈연습문항〉

지시문: 선생님이 숫자들을 소리 내어 말할 거예요. 잘 듣고 선생님이 말하고 난 다음에, 숫자들을 그대로 따라서 해보세요. 선생님이 "2, 4"라고 하면, 뭐라고 말해야 하지요?

2	4

맞았을 경우	틀렸을 경우
잘했어요. 선생님이 말한 것을 그대로 따라서 하면 "2, 4"예요.	선생님이 "2, 4"라고 말했으니까, 그대로 따라 하면 "2, 4"라고 해야지요. 그럼, ○○가 다시 한 번 해볼 거예요. 선생님이 "2, 4"라고 하면, 뭐라고 말해야 하지요? (학생의 답을 기다린다). 잘했어요.

[학생이 연습문항에서 올바로 반응을 했든 아니든, 1번 문항의 수행 1로 진행한다]

* **주의:**

1. 숫자는 한 번만 읽어준다(단, 소음으로 인해 학생이 제대로 듣지 못했다고 판단될 경우에는 한 번 더 읽어줄 수 있다).
2. 숫자 "일"과 "이"를 발음할 때, 명확하게 구별되도록 발음한다.
3. 각 숫자를 같은 속도로 발음한다(중간에 끊어 읽기를 하지 않는다).

〈수 행〉

* **학생이 수행 1과 2를 모두 틀리면**, 검사를 중지한다. * 학생이 수행 1과 2 중 하나만 실패하면, 검사를 계속 진행한다.

지시문: 선생님이 숫자들을 소리 내어 말할 거예요. 잘 듣고 선생님이 말하고 난 다음에, 숫자들을 그대로 따라서 해보세요. 선생님이 숫자들을 말할 때, 선생님의 입을 잘 보세요.

1. (1) 수행 1: (다음의 숫자를 소리 내어 말한다) "2, 7, 3, 5"

2	7	3	5

(2) 수행 2: (다음의 숫자를 소리 내어 말한다) "8, 3, 9, 2"

8	3	9	2

2. (1) 수행 1: (다음의 숫자를 소리 내어 말한다) "7, 5, 2, 6, 4"

7	5	2	6	4

(2) 수행 2: (다음의 숫자를 소리 내어 말한다) "3, 6, 9, 4, 7"

3	6	9	4	7

3. (1) 수행 1: (다음의 숫자를 소리 내어 말한다) "9, 6, 2, 4, 8, 3"

9	6	2	4	8	3

(2) 수행 2: (다음의 숫자를 소리 내어 말한다) "8, 5, 2, 7, 3, 6"

8	5	2	7	3	6

4. (1) 수행 1: (다음의 숫자를 소리 내어 말한다) "3, 9, 6, 4, 8, 5, 2"

3	9	6	4	8	5	2

(2) 수행 2: (다음의 숫자를 소리 내어 말한다) "7, 5, 3, 8, 4, 9, 2"

7	5	3	8	4	9	2

5. (1) 수행 1: (다음의 숫자를 소리 내어 말한다) "6, 2, 9, 4, 8, 5, 7, 3"

6	2	9	4	8	5	7	3

(2) 수행 2: (다음의 숫자를 소리 내어 말한다) "5, 8, 7, 2, 4, 9, 3, 6"

5	8	7	2	4	9	3	6

6. (1) 수행 1: (다음의 숫자를 소리 내어 말한다) "8, 1, 4, 5, 9, 2, 7, 3, 6"

8	1	4	5	9	2	7	3	6

(2) 수행 2: (다음의 숫자를 소리 내어 말한다) "4, 3, 6, 2, 1, 8, 5, 7, 9"

4	3	6	2	1	8	5	7	9

연령별 각 소검사 간 상관계수

4세 아동

	1	2	3	4	5	6	7	8	9	10	11	12	13	14	15	16	17	18	19	20	21	22	23	24	25	26
1	1	.366	.345	.220	.336	.188	.385	.a	.a	.280	.a	.a	.234	.a	.a	.a	.a	.a	.261	.242	.144	.157	.313	.287	.180	.a
2	.366	1	.455	.403	.798	.527	.318	.a	.a	.160	.a	.a	.355	.a	.a	.a	.a	.a	.488	.555	.404	.343	.700	.397	.541	.a
3	.345	.455	1	.476	.465	.261	.275	.a	.a	.248	.a	.a	.219	.a	.a	.a	.a	.a	.355	.294	.198	.223	.391	.320	.304	.a
4	.220	.403	.476	1	.360	.201	.240	.a	.a	.259	.a	.a	.121	.a	.a	.a	.a	.a	.192	.201	.095	.206	.241	.289	.212	.a
5	.336	.798	.465	.360	1	.616	.309	.a	.a	.168	.a	.a	.284	.a	.a	.a	.a	.a	.601	.662	.472	.433	.812	.433	.506	.a
6	.188	.527	.261	.201	.616	1	.244	.a	.a	.044*	.a	.a	.410	.a	.a	.a	.a	.a	.408	.584	.483	.216	.596	.367	.392	.a
7	.385	.318	.275	.240	.309	.244	1	.a	.a	.266	.a	.a	.280	.a	.a	.a	.a	.a	.275	.322	.126	.253	.314	.181	.065	.a
8	.a	.a	.a	.a	.a	.a	.a	.a	.a	.a	.a	.a	.a	.a	.a	.a	.a	.a	.a	.a	.a	.a	.a	.a	.a	.a
9	.a	.a	.a	.a	.a	.a	.a	.a	.a	.a	.a	.a	.a	.a	.a	.a	.a	.a	.a	.a	.a	.a	.a	.a	.a	.a
10	.280	.160	.248	.259	.168	.044*	.266	.a	.a	1	.a	.a	.266	.a	.a	.a	.a	.a	.216	.105	.163	.215	.059	.037*	.016*	.a
11	.a	.a	.a	.a	.a	.a	.a	.a	.a	.a	.a	.a	.a	.a	.a	.a	.a	.a	.a	.a	.a	.a	.a	.a	.a	.a
12	.a	.a	.a	.a	.a	.a	.a	.a	.a	.a	.a	.a	.a	.a	.a	.a	.a	.a	.a	.a	.a	.a	.a	.a	.a	.a
13	.234	.355	.219	.121	.284	.410	.280	.a	.a	.266	.a	.a	1	.a	.a	.a	.a	.a	.152	.324	.372	.283	.325	.215	.185	.a
14	.a	.a	.a	.a	.a	.a	.a	.a	.a	.a	.a	.a	.a	.a	.a	.a	.a	.a	.a	.a	.a	.a	.a	.a	.a	.a
15	.a	.a	.a	.a	.a	.a	.a	.a	.a	.a	.a	.a	.a	.a	.a	.a	.a	.a	.a	.a	.a	.a	.a	.a	.a	.a
16	.a	.a	.a	.a	.a	.a	.a	.a	.a	.a	.a	.a	.a	.a	.a	.a	.a	.a	.a	.a	.a	.a	.a	.a	.a	.a
17	.a	.a	.a	.a	.a	.a	.a	.a	.a	.a	.a	.a	.a	.a	.a	.a	.a	.a	.a	.a	.a	.a	.a	.a	.a	.a
18	.a	.a	.a	.a	.a	.a	.a	.a	.a	.a	.a	.a	.a	.a	.a	.a	.a	.a	.a	.a	.a	.a	.a	.a	.a	.a
19	.261	.488	.355	.192	.601	.408	.275	.a	.a	.216	.a	.a	.152	.a	.a	.a	.a	.a	1	.682	.613	.314	.611	.207	.226	.a
20	.242	.555	.294	.201	.662	.584	.322	.a	.a	.105	.a	.a	.324	.a	.a	.a	.a	.a	.682	1	.718	.254	.723	.265	.291	.a
21	.144	.404	.198	.095	.472	.483	.126	.a	.a	.163	.a	.a	.372	.a	.a	.a	.a	.a	.613	.718	1	.178	.503	.237	.280	.a
22	.157	.343	.223	.206	.433	.216	.253	.a	.a	.215	.a	.a	.283	.a	.a	.a	.a	.a	.314	.254	.178	1	.573	.161	.167	.a
23	.313	.700	.391	.241	.812	.596	.314	.a	.a	.059	.a	.a	.325	.a	.a	.a	.a	.a	.611	.723	.503	.573	1	.380	.434	.a
24	.287	.397	.320	.289	.433	.367	.181	.a	.a	.037*	.a	.a	.215	.a	.a	.a	.a	.a	.207	.265	.237	.161	.380	1	.527	.a
25	.180	.541	.304	.212	.506	.392	.065	.a	.a	.016*	.a	.a	.185	.a	.a	.a	.a	.a	.226	.291	.280	.167	.434	.527	1	.a
26	.a	.a	.a	.a	.a	.a	.a	.a	.a	.a	.a	.a	.a	.a	.a	.a	.a	.a	.a	.a	.a	.a	.a	.a	.a	.a

1. 음절변별, 2. 음절분리, 3. 음절합성, 4. 음절분절, 5. 음절탈락, 6. 음절대치, 7. 초성변별, 8. 초성합성, 9. 초성분절, 10. 종성변별, 11. 종성합성, 12. 종성분절, 13. 음소변별, 14. 음소분리, 15. 음소합성, 16. 음소분절, 17. 음소탈락, 18. 음소대치, 19. 자모이름－기본자음, 20. 자모이름－기본모음, 21. 자모소리－초성, 22. 빠른 이름대기－물체, 23. 빠른 이름대기－글자, 24. 음운기억－단기기억, 25. 음운기억－작동기억, 26. KISE 기초학력검사－음독.

5세 아동

	1	2	3	4	5	6	7	8	9	10	11	12	13	14	15	16	17	18	19	20	21	22	23	24	25	26
1	1	.159	.001**	.045*	.040*	.173	.119	.036*	.035*	-.009**	.110	.074	.032*	.075	.073	.048*	.083	.055	.173	.129	.111	.168	.079	.065	.136	.104
2	.159	1	.197	.204	.716	.518	.194	.207	.148	.496	.185	.238	.363	.246	.251	.175	.285	.187	.614	.528	.404	.392	.513	.333	.390	.541
3	.001**	.197	1	.653	.346	.108	.170	.129	.096	.319	.169	.155	.069	.122	.157	.093	-.002**	.112	.171	.204	.147	.215	.164	.225	.089	.118
4	.045*	.204	.653	1	.366	.191	.218	.133	.095	.299	.195	.169	.174	.143	.156	.107	.083	.122	.133	.095	.140	.252	.196	.208	.114	.131
5	.040*	.716	.346	.366	1	.572	.186	.176	.142	.532	.188	.283	.472	.240	.273	.183	.308	.203	.548	.468	.433	.395	.536	.365	.427	.538
6	.173	.518	.108	.191	.572	1	.246	.329	.261	.300	.410	.356	.370	.475	.450	.398	.523	.421	.503	.480	.492	.330	.565	.222	.625	.626
7	.119	.194	.170	.218	.186	.246	1	.179	.162	.304	.198	.062	.123	.284	.183	.249	.161	.257	.053	.180	.197	.302	.239	.133	.027*	.178
8	.036*	.207	.129	.133	.176	.329	.179	1	.403	.097	.532	.376	.258	.498	.567	.468	.422	.419	.222	.250	.270	.129	.276	.098	.368	.292
9	.035*	.148	.096	.095	.142	.261	.162	.403	1	.112	.323	.524	.227	.297	.134	.282	.455	.307	.137	.234	.221	.146	.210	-.018*	.259	.180
10	-.009**	.496	.319	.299	.532	.300	.304	.097	.112	1	.173	.193	.319	.114	.177	.132	.158	.121	.335	.221	.241	.285	.276	.331	.324	.243
11	.110	.185	.169	.195	.188	.410	.198	.532	.323	.173	1	.350	.199	.373	.528	.365	.344	.340	.179	.308	.448	.140	.316	.097	.385	.306
12	.074	.238	.155	.169	.283	.356	.062	.376	.524	.193	.350	1	.276	.320	.149	.309	.506	.337	.326	.203	.301	.167	.284	.055	.387	.316
13	.032*	.363	.069	.174	.472	.370	.123	.258	.227	.319	.199	.276	1	.358	.267	.246	.336	.255	.393	.356	.392	.234	.370	.243	.315	.469
14	.075	.246	.122	.143	.240	.475	.284	.498	.297	.114	.373	.320	.358	1	.548	.622	.584	.654	.288	.328	.358	.060	.233	.218	.296	.441
15	.073	.251	.157	.156	.273	.450	.183	.567	.134	.177	.528	.149	.267	.548	1	.492	.291	.455	.251	.309	.462	.057	.275	.224	.420	.366
16	.048*	.175	.093	.107	.183	.398	.249	.468	.282	.132	.365	.309	.246	.622	.492	1	.546	.943	.205	.285	.330	.034*	.138	.158	.322	.329
17	.083	.285	-.002**	.083	.308	.523	.161	.422	.455	.158	.344	.506	.336	.584	.291	.546	1	.637	.321	.333	.252	.235	.345	.110	.451	.428
18	.055	.187	.112	.122	.203	.421	.257	.419	.307	.121	.340	.337	.255	.654	.455	.943	.637	1	.230	.303	.338	.053	.151	.140	.300	.325
19	.173	.614	.171	.133	.548	.503	.053	.222	.137	.335	.179	.326	.393	.288	.251	.205	.321	.230	1	.669	.497	.296	.554	.337	.371	.636
20	.129	.528	.204	.095	.468	.480	.180	.250	.234	.221	.308	.203	.356	.328	.309	.285	.333	.303	.669	1	.603	.275	.557	.287	.407	.585
21	.111	.404	.147	.140	.433	.492	.197	.270	.221	.241	.448	.301	.392	.358	.462	.330	.252	.338	.497	.603	1	.163	.438	.249	.454	.540
22	.168	.392	.215	.252	.395	.330	.302	.129	.146	.285	.140	.167	.234	.060	.057	.034*	.235	.053	.296	.275	.163	1	.625	.032*	.257	.316
23	.079	.513	.164	.196	.536	.565	.239	.276	.210	.276	.316	.284	.370	.233	.275	.138	.345	.151	.554	.557	.438	.625	1	.215	.437	.631
24	.065	.333	.225	.208	.365	.222	.133	.098	-.018*	.331	.097	.055	.243	.218	.224	.158	.110	.140	.337	.287	.249	.032*	.215	1	.252	.346
25	.136	.390	.089	.114	.427	.625	.027*	.368	.259	.324	.385	.387	.315	.296	.420	.322	.451	.300	.371	.407	.454	.257	.437	.252	1	.511
26	.104	.541	.118	.131	.538	.626	.178	.292	.180	.243	.306	.316	.469	.441	.366	.329	.428	.325	.636	.585	.540	.316	.631	.346	.511	1

1. 음절변별, 2. 음절분리, 3. 음절합성, 4. 음절분절, 5. 음절탈락, 6. 음절대치, 7. 초성변별, 8. 초성합성, 9. 초성분절, 10. 종성변별, 11. 종성합성, 12. 종성분절, 13. 음소변별, 14. 음소분리, 15. 음소합성, 16. 음소분절, 17. 음소탈락, 18. 음소대치, 19. 자모이름—기본자음, 20. 자모이름—기본모음, 21. 자모소리—초성, 22. 빠른 이름대기—물체, 23. 빠른 이름대기—글자, 24. 음운기억—단기기억, 25. 음운기억—작동기억, 26. KISE 기초학력검사—음독.

6세 아동

	1	2	3	4	5	6	7	8	9	10	11	12	13	14	15	16	17	18	19	20	21	22	23	24	25	26
1	1	.167	.339	.316	.090	.106	.044*	.079	.021*	.003**	.100	.094	.029*	.076	.067	-.019*	.147	.040*	.092	.178	.287	-.048*	-.014*	.227	.138	.027*
2	.167	1	.510	.298	.349	.376	.095	.266	.193	.183	.266	.211	.281	.236	.292	.244	.298	.234	.447	.369	.273	-.082	.090	.242	.354	.451
3	.339	.510	1	.480	.188	.290	-.019*	.137	.053	.029*	.135	.149	.162	.079	.167	.123	.116	.065	.160	.296	.178	-.084	-.025*	.084	.137	.132
4	.316	.298	.480	1	.344	.189	.114	.176	.125	.282	.178	.191	.258	.126	.135	.144	.093	.121	.265	.296	.295	.061	.169	.179	.196	.145
5	.090	.349	.188	.344	1	.431	.159	.142	.236	.080	.140	.162	.252	.252	.141	.169	.186	.184	.163	.412	.121	.087	.103	.169	.323	.301
6	.106	.376	.290	.189	.431	1	.145	.251	.313	.171	.336	.318	.246	.419	.316	.367	.446	.389	.042*	.381	.366	.286	.335	.138	.446	.443
7	.044*	.095	-.019*	.114	.159	.145	1	.207	.230	.183	.081	.231	.167	.221	.130	.263	.147	.196	.159	.178	.094	.221	.096	.177	.252	.212
8	.079	.266	.137	.176	.142	.251	.207	1	.733	.230	.674	.500	.395	.682	.822	.611	.535	.602	.174	.384	.312	.230	.217	.316	.358	.317
9	.021*	.193	.053	.125	.236	.313	.230	.733	1	.215	.566	.554	.345	.766	.619	.670	.566	.561	.070	.345	.218	.235	.246	.288	.441	.236
10	.003**	.183	.029*	.282	.080	.171	.183	.230	.215	1	.048*	.309	.249	.199	.190	.140	.197	.205	.213	.165	.196	.175	.057	.025*	.158	.252
11	.100	.266	.135	.178	.140	.336	.081	.674	.566	.048*	1	.495	.324	.639	.754	.572	.573	.511	.225	.432	.430	.311	.331	.238	.407	.249
12	.094	.211	.149	.191	.162	.318	.231	.500	.554	.309	.495	1	.387	.551	.426	.515	.298	.330	.092	.360	.285	.321	.303	.286	.390	.262
13	.029*	.281	.162	.258	.252	.246	.167	.395	.345	.249	.324	.387	1	.427	.470	.403	.378	.398	.164	.438	.340	.057	.097	.088	.359	.518
14	.076	.236	.079	.126	.252	.419	.221	.682	.766	.199	.639	.551	.427	1	.720	.797	.618	.627	.130	.432	.340	.331	.353	.219	.513	.403
15	.067	.292	.167	.135	.141	.316	.130	.822	.619	.190	.754	.426	.470	.720	1	.627	.643	.667	.180	.439	.399	.275	.281	.297	.421	.424
16	-.019*	.244	.123	.144	.169	.367	.263	.611	.670	.140	.572	.515	.403	.797	.627	1	.635	.669	.134	.361	.247	.284	.300	.159	.489	.380
17	.147	.298	.116	.093	.186	.446	.147	.535	.566	.197	.573	.298	.378	.618	.643	.635	1	.744	.153	.390	.344	.255	.158	.309	.464	.412
18	.040*	.234	.065	.121	.184	.389	.196	.602	.561	.205	.511	.330	.398	.627	.667	.669	.744	1	.123	.340	.308	.263	.221	.229	.504	.479
19	.092	.447	.160	.265	.163	.042*	.159	.174	.070	.213	.225	.092	.164	.130	.180	.134	.153	.123	1	.561	.344	.090	.320	.187	.237	.410
20	.178	.369	.296	.296	.412	.381	.178	.384	.345	.165	.432	.360	.438	.432	.439	.361	.390	.340	.561	1	.572	.296	.461	.272	.459	.499
21	.287	.273	.178	.295	.121	.366	.094	.312	.218	.196	.430	.285	.340	.340	.399	.247	.344	.308	.344	.572	1	.230	.415	.222	.308	.483
22	-.048*	-.082	-.084	.061	.087	.286	.221	.230	.235	.175	.311	.321	.057	.331	.275	.284	.255	.263	.090	.296	.230	1	.599	.124	.276	.135
23	-.014*	.090	-.025*	.169	.103	.335	.096	.217	.246	.057	.331	.303	.097	.353	.281	.300	.158	.221	.320	.461	.415	.599	1	.164	.394	.362
24	.227	.242	.084	.179	.169	.138	.177	.316	.288	.025*	.238	.286	.088	.219	.297	.159	.309	.229	.187	.272	.222	.124	.164	1	.274	.242
25	.138	.354	.137	.196	.323	.446	.252	.358	.441	.158	.407	.390	.359	.513	.421	.489	.464	.504	.237	.459	.308	.276	.394	.274	1	.462
26	.027*	.451	.132	.145	.301	.443	.212	.317	.236	.252	.249	.262	.518	.403	.424	.380	.412	.479	.410	.499	.483	.135	.362	.242	.462	1

1. 음절변별, 2. 음절분리, 3. 음절합성, 4. 음절분절, 5. 음절탈락, 6. 음절대치, 7. 초성변별, 8. 초성합성, 9. 초성분절, 10. 종성변별, 11. 종성합성, 12. 종성분절, 13. 음소변별, 14. 음소분리, 15. 음소합성, 16. 음소분절, 17. 음소탈락, 18. 음소대치, 19. 자모이름－기본자음, 20. 자모이름－기본모음, 21. 자모소리－초성, 22. 빠른 이름대기－물체, 23. 빠른 이름대기－글자, 24. 음운기억－단기기억, 25. 음운기억－작동기억, 26. KISE 기초학력검사－읽독.

7세 아동

	1	2	3	4	5	6	7	8	9	10	11	12	13	14	15	16	17	18	19	20	21	22	23	24	25	26
1	1	-.029*	.549	-.017*	-.036*	-.087	-.051	.094	.073	-.035*	.110	.092	.425	.116	.108	.097	.129	.107	-.041*	-.049*	-.049*	-.013*	.112	.037*	-.128	-.047*
2	-.029*	1	-.047*	.606	-.007**	.330	.106	.163	.168	.103	.188	.207	-.106	.197	.154	.190	.249	.134	-.048*	.043*	.441	.026*	-.049*	.112	.032*	-.028*
3	.549	-.047*	1	-.044*	.095	.178	.244	.058	.168	-.090	.083	.199	.549	.209	.053	.137	.159	.168	-.092	-.057	.045*	.039*	-.007**	.018*	.105	-.133
4	-.017*	.606	-.044*	1	-.027*	-.020*	-.062	.031*	.044*	.166	.107	.072	-.068	.079	.062	.080	.122	.102	-.007**	.038*	.342	-.150	-.297	.067	-.087	.046*
5	-.036*	-.007**	.095	-.027*	1	.317	.074	.041*	.140	.253	-.146	.122	.072	.159	.108	.111	.204	.123	-.070	.052	.084	.029*	-.023*	.064	.095	-.096
6	-.087	.330	.178	-.020*	.317	1	.461	.265	.283	.003**	.126	.255	.295	.346	.327	.340	.466	.283	-.040*	.151	.058	.113	.233	.171	.302	-.067
7	-.051	.106	.244	-.062	.074	.461	1	.273	.205	-.070	.070	.187	.412	.217	.248	.230	.251	.140	-.042*	.097	.113	.178	.214	.125	.257	.097
8	.094	.163	.058	.031*	.041*	.265	.273	1	.661	.011*	.381	.363	.186	.604	.654	.478	.554	.398	.046*	.231	.131	.254	.280	.167	.311	.223
9	.073	.168	.168	.044*	.140	.283	.205	.661	1	.010*	.336	.396	.285	.675	.582	.662	.711	.536	.067	.304	.154	.182	.183	.123	.416	.165
10	-.035*	.103	-.090	.166	.253	.003**	-.070	.011*	.010*	1	.062	.133	-.017*	.105	.003**	.169	.093	.179	.139	.105	.011*	.077	-.058	.140	-.062	.110
11	.110	.188	.083	.107	-.146	.126	.070	.381	.336	.062	1	.454	.195	.423	.360	.391	.312	.322	.085	.231	.049*	.179	.202	.034*	.204	.105
12	.092	.207	.199	.072	.122	.255	.187	.363	.396	.133	.454	1	.343	.430	.292	.330	.373	.378	.016*	.272	.153	.229	.071	.119	.212	.102
13	.425	-.106	.549	-.068	.072	.295	.412	.186	.285	-.017*	.195	.343	1	.324	.279	.344	.350	.279	.076	.212	.067	.142	.250	.071	.262	.055
14	.116	.197	.209	.079	.159	.346	.217	.604	.675	.105	.423	.430	.324	1	.586	.613	.685	.593	.066	.314	.237	.195	.255	.141	.485	.206
15	.108	.154	.053	.062	.108	.327	.248	.654	.582	.003**	.360	.292	.279	.586	1	.621	.631	.620	.087	.245	.230	.172	.149	.082	.301	.207
16	.097	.190	.137	.080	.111	.340	.230	.478	.662	.169	.391	.330	.344	.613	.621	1	.689	.663	.027*	.223	.215	.117	.222	.169	.251	.075
17	.129	.249	.159	.122	.204	.466	.251	.554	.711	.093	.312	.373	.350	.685	.631	.689	1	.689	.057	.349	.186	.105	.152	.152	.467	.100
18	.107	.134	.168	.102	.123	.283	.140	.398	.536	.179	.322	.378	.279	.593	.620	.663	.689	1	.053	.255	.278	.089	.120	-.036*	.300	.141
19	-.041*	-.048*	-.092	-.007**	-.070	-.040*	-.042*	.046*	.067	.139	.085	.016*	.076	.066	.087	.027*	.057	.053	1	.700	-.014*	.065	.168	-.115	.041*	.371
20	-.049*	.043*	-.057	.038*	.052	.151	.097	.231	.304	.105	.231	.272	.212	.314	.245	.223	.349	.255	.700	1	.160	.149	.205	-.059	.282	.235
21	-.049*	.441	.045*	.342	.084	.058	.113	.131	.154	.011*	.049*	.153	.067	.237	.230	.215	.186	.278	-.014*	.160	1	.208	.042*	.018*	.184	-.013*
22	-.013*	.026*	.039*	-.150	.029*	.113	.178	.254	.182	.077	.179	.229	.142	.195	.172	.117	.105	.089	.065	.149	.208	1	.495	.113	.288	-.082
23	.112	-.049*	-.007**	-.297	-.023*	.233	.214	.280	.183	-.058	.202	.071	.250	.255	.149	.222	.152	.120	.168	.205	.042*	.495	1	-.012*	.201	.035*
24	.037*	.112	.018*	.067	.064	.171	.125	.167	.123	.140	.034*	.119	.071	.141	.082	.169	.152	-.036*	-.115	-.059	.018*	.113	-.012*	1	.147	.151
25	-.128	.032*	.105	-.087	.095	.302	.257	.311	.416	-.062	.204	.212	.262	.485	.301	.251	.467	.300	.041*	.282	.184	.288	.201	.147	1	.108
26	-.047*	-.028*	-.133	.046*	-.096	-.067	.097	.223	.165	.110	.105	.102	.055	.206	.207	.075	.100	.141	.371	.235	-.013*	-.082	.035*	.151	.108	1

1. 음절변별, 2. 음절분리, 3. 음절합성, 4. 음절분절, 5. 음절탈락, 6. 음절대치, 7. 초성변별, 8. 초성합성, 9. 초성분절, 10. 종성변별, 11. 종성합성, 12. 종성분절, 13. 음소변별, 14. 음소분리, 15. 음소합성, 16. 음소분절, 17. 음소탈락, 18. 음소대치, 19. 자모이름–기본자음, 20. 자모이름–기본모음, 21. 자모소리–초성, 22. 빠른 이름대기–물체, 23. 빠른 이름대기–글자, 24. 음운기억–단기기억, 25. 음운기억–작동기억, 26. KISE 기초학력검사–음독.

부록 F 각 소검사의 문항별 문항 제거 시 신뢰도와 정답률

〈부록 F-1〉 음절분리의 문항별 문항 제거 시 신뢰도와 정답률

	4세			5세			6세			7세		
	정답률	문항-전체 상관관계	문항 제거 시 Cronbach α	정답률	문항-전체 상관관계	문항 제거 시 Cronbach α	정답률	문항-전체 상관관계	문항 제거 시 Cronbach α	정답률	문항-전체 상관관계	문항 제거 시 Cronbach α
음절분리 1	.46	.686	.908	.80	.491	.892	.93	.236	.860	.99	.574	.913
음절분리 2	.32	.692	.907	.70	.625	.881	.93	.659	.804	.96	.927	.882
음절분리 3	.30	.762	.902	.67	.779	.865	.93	.753	.791	.99	.574	.913
음절분리 4	.47	.738	.903	.84	.632	.881	.96	.444	.831	.98	.874	.890
음절분리 5	.47	.761	.901	.82	.630	.881	.98	.569	.823	.98	.874	.890
음절분리 6	.27	.707	.906	.62	.739	.870	.93	.613	.811	.94	.711	.904
음절분리 7	.26	.742	.903	.64	.700	.874	.90	.637	.808	.93	.648	.915
음절분리 8	.30	.697	.907	.69	.737	.870	.93	.705	.798	.95	.798	.893

〈부록 F-2〉 음절탈락의 문항별 문항 제거 시 신뢰도와 정답률

	4세			5세			6세			7세		
	정답률	문항-전체 상관관계	문항 제거 시 Cronbach α	정답률	문항-전체 상관관계	문항 제거 시 Cronbach α	정답률	문항-전체 상관관계	문항 제거 시 Cronbach α	정답률	문항-전체 상관관계	문항 제거 시 Cronbach α
음절탈락 1	.46	.829	.915	.80	.742	.868	1.00	.000	.459	1.00	.000	.644
음절탈락 2	.47	.883	.911	.85	.680	.875	.99	.229	.422	.99	.134	.639
음절탈락 3	.43	.771	.920	.88	.515	.888	.99	.083	.452	1.00	.000	.644
음절탈락 4	.34	.785	.919	.68	.641	.878	.94	.305	.365	.98	.481	.557
음절탈락 5	.36	.732	.923	.74	.820	.859	.98	.343	.377	.96	.381	.583
음절탈락 6	.40	.864	.912	.73	.701	.871	.96	.070	.463	.99	.703	.531
음절탈락 7	.20	.635	.929	.59	.660	.876	.89	.379	.306	.95	.561	.513
음절탈락 8	.15	.561	.934	.45	.592	.884	.82	.215	.448	.91	.330	.640

〈부록 F-3〉 음절대치의 문항별 문항 제거 시 신뢰도와 정답률

	4세			5세			6세			7세		
	정답률	문항-전체 상관관계	문항 제거 시 Cronbach α	정답률	문항-전체 상관관계	문항 제거 시 Cronbach α	정답률	문항-전체 상관관계	문항 제거 시 Cronbach α	정답률	문항-전체 상관관계	문항 제거 시 Cronbach α
음절대치 1	.26	.559	.827	.44	.624	.837	.79	.300	.797	.86	.476	.822
음절대치 2	.23	.666	.808	.54	.632	.836	.83	.471	.775	.79	.577	.809
음절대치 3	.15	.402	.843	.39	.331	.871	.67	.511	.768	.79	.471	.823
음절대치 4	.15	.755	.795	.39	.628	.837	.70	.471	.774	.86	.536	.815
음절대치 5	.05	.300	.847	.26	.594	.841	.52	.526	.766	.72	.506	.821
음절대치 6	.09	.543	.825	.38	.786	.817	.75	.605	.754	.86	.746	.791
음절대치 7	.08	.739	.805	.23	.597	.841	.55	.441	.780	.59	.499	.824
음절대치 8	.10	.695	.806	.24	.650	.835	.56	.682	.737	.84	.743	.789

〈부록 F-4〉 음소변별의 문항별 문항 제거 시 신뢰도와 정답률

	4세			5세			6세			7세		
	정답률	문항-전체 상관관계	문항 제거 시 Cronbach α	정답률	문항-전체 상관관계	문항 제거 시 Cronbach α	정답률	문항-전체 상관관계	문항 제거 시 Cronbach α	정답률	문항-전체 상관관계	문항 제거 시 Cronbach α
음소변별 1	.39	.280	.810	.62	.385	.851	.76	.239	.814	.81	.511	.808
음소변별 2	.51	.449	.785	.60	.465	.842	.79	.514	.769	.89	.484	.810
음소변별 3	.57	.458	.784	.65	.549	.832	.89	.430	.781	.91	.504	.808
음소변별 4	.42	.548	.770	.50	.723	.810	.79	.495	.772	.84	.551	.801
음소변별 5	.35	.534	.772	.53	.503	.838	.81	.520	.768	.90	.506	.807
음소변별 6	.50	.587	.763	.74	.631	.823	.87	.468	.776	.93	.696	.788
음소변별 7	.37	.625	.758	.59	.716	.811	.79	.708	.735	.84	.551	.801
음소변별 8	.34	.599	.762	.50	.700	.813	.81	.680	.741	.79	.614	.792

〈부록 F-5〉 음소분리의 문항별 문항 제거 시 신뢰도와 정답률

	4세			5세			6세			7세		
	정답률	문항-전체 상관관계	문항 제거 시 Cronbach α	정답률	문항-전체 상관관계	문항 제거 시 Cronbach α	정답률	문항-전체 상관관계	문항 제거 시 Cronbach α	정답률	문항-전체 상관관계	문항 제거 시 Cronbach α
음소분리 1				.07	.670	.815	.37	.726	.843	.49	.734	.876
음소분리 2				.11	.673	.816	.31	.756	.839	.43	.627	.887
음소분리 3				.09	.526	.837	.45	.515	.870	.56	.507	.899
음소분리 4				.08	.827	.792	.27	.672	.850	.44	.823	.867
음소분리 5				.03	.370	.848	.15	.594	.859	.23	.648	.885
음소분리 6				.02	.207	.859	.07	.436	.873	.11	.494	.897
음소분리 7				.06	.761	.804	.23	.629	.854	.33	.786	.871
음소분리 8				.04	.593	.827	.21	.711	.846	.36	.804	.869

〈부록 F-6〉 자모지식_자음이름의 문항별 문항 제거 시 신뢰도와 정답률

	4세			5세			6세			7세		
	정답률	문항-전체 상관관계	문항 제거 시 Cronbach α	정답률	문항-전체 상관관계	문항 제거 시 Cronbach α	정답률	문항-전체 상관관계	문항 제거 시 Cronbach α	정답률	문항-전체 상관관계	문항 제거 시 Cronbach α
자음이름 1	.37	.720	.964	.64	.750	.970	.98	.501	.703	.95	.494	.887
자음이름 2	.36	.776	.963	.64	.733	.970	.92	.437	.697	.96	.459	.888
자음이름 3	.43	.807	.963	.77	.788	.970	.96	.389	.705	.99	.868	.881
자음이름 4	.39	.802	.963	.72	.801	.969	.94	.416	.700	.99	.868	.881
자음이름 5	.44	.806	.963	.73	.832	.969	.99	.700	.702	.98	.667	.882
자음이름 6	.42	.789	.963	.76	.866	.969	.99	.700	.702	.98	.708	.881
자음이름 7	.48	.779	.963	.80	.775	.970	.98	.566	.700	.99	.868	.881
자음이름 8	.35	.847	.962	.70	.865	.969	.96	.389	.705	.99	.868	.881
자음이름 9	.31	.872	.962	.70	.835	.969	.95	.481	.698	.98	.627	.883
자음이름 10	.28	.785	.963	.66	.845	.969	.95	.412	.702	.96	.491	.887
자음이름 11	.30	.816	.963	.63	.841	.969	.96	.495	.700	.96	.557	.885
자음이름 12	.27	.804	.963	.63	.870	.969	.98	.470	.704	.99	.868	.881
자음이름 13	.25	.807	.963	.53	.718	.971	.85	.375	.699	.85	.288	.904
자음이름 14	.25	.773	.963	.53	.785	.970	.89	.432	.695	.93	.401	.891
자음이름 15	.15	.659	.965	.52	.775	.970	.94	.522	.693	.94	.559	.884
자음이름 16	.14	.643	.965	.49	.730	.970	1.02	.192	.856	.90	.497	.889
자음이름 17	.16	.652	.965	.49	.756	.970	.92	.437	.697	.94	.586	.883
자음이름 18	.15	.647	.965	.52	.794	.970	.88	.339	.703	.93	.498	.887

〈부록 F-7〉 빠른 이름 대기_글자의 문항별 문항 제거 시 신뢰도와 정답률

	4세			5세			6세			7세		
	정답률	문항-전체 상관관계	문항 제거 시 Cronbach α	정답률	문항-전체 상관관계	문항 제거 시 Cronbach α	정답률	문항-전체 상관관계	문항 제거 시 Cronbach α	정답률	문항-전체 상관관계	문항 제거 시 Cronbach α
빠른 이름 글자_마	4.96	.975	.992	10.80	.956	.988	16.10	.933	.977	18.16	.929	.970
빠른 이름 글자_바	4.16	.982	.992	9.77	.959	.987	15.12	.957	.975	17.65	.910	.975
빠른 이름 글자_라	4.76	.975	.992	10.93	.971	.986	16.02	.951	.974	18.23	.947	.968
빠른 이름 글자_가	4.80	.980	.991	10.88	.976	.985	16.02	.970	.972	18.15	.958	.966
빠른 이름 글자_나	4.51	.990	.990	10.41	.974	.986	15.54	.921	.979	17.93	.934	.972

| 찾아보기 |

ㅈ

저자 소개

김애화(金愛華) 단국대학교 특수교육학과 졸업
미국 텍사스주립대학교(특수교육학 박사)
현재 단국대학교 특수교육학과 교수

유현실(劉賢實) 서울대학교 역사교육과 졸업
미국 버지니아대학교(교육심리 박사)
서울대학교(교육상담 박사)
현재 단국대학교 상담학과 교수

아산재단 연구총서 제349집
학습장애 위험군 아동의 조기선별을 위한
읽기검사 표준화 연구 값 10,500원

2013년 7월 20일 1판 1쇄

저 자 김애화 · 유현실
발 행 인 임 동 규
발 행 처 **집 문 당**
주 소 110-360 서울특별시 종로구 돈화문로 82
등 록 1971. 3. 23. 제300-2012-69호
영 업 부 (02)743-3192~3 팩스(02)742-4657
전자우편 sale@jipmoon.co.kr
편 집 부 (02)743-3096~7 팩스(02)743-0227
전자우편 edit@jipmoon.co.kr
홈페이지 www.jipmoon.co.kr

ISBN 978-89-303-1608-8
978-89-303-1500-0(세트)

이 도서의 국립중앙도서관 출판시도서목록(CIP)은 e-CIP홈페이지(http://www.nl.go.kr/ecip)와 국가자료공동목록시스템(http://www.nl.go.kr/kolisnet)에서 이용하실 수 있습니다.
(CIP제어번호:2013009543)

아 | 산 | 재 | 단 | 연 | 구 | 총 | 서

1 전환기의 중국경제
김윤환 외 | 단국대 경제학과

2 폴란드 경제의 변천 개혁과 그 전망
김광수 | 숭실대 경제학과

3 재소한인
이광규 외 | 서울대 인류학과

4 소련산림과 임업
홍성천 외 | 경북대 임학과

5 아세안의 정치경제
김국진 외 | 외교안보연구원

6 태국의 사회변동과 경제발전
최석만 외 | 전남대 사회학과

7 중국의 사회경제 통계분석
신한풍 외 | 고려대 통계학과

8 중국의 정치와 경제
박두복 외 | 외교안보연구원

9 동유럽의 개혁과 시장경제의 도입
허만 외 | 부산대 사범대학

10 동유럽의 개혁운동
박영신 | 연세대 사회학과

11 현대 러시아 연구
기연수 외 | 한국외대 노어과

12 전략적 선택과 기업의 국제경쟁력
이장호 | 서강대 경영대학

13 협동사회의 정착과 정부의 역할
이종범 외 | 고려대 행정학과

14 한국 제조기업 생산성의 동적 분석
노부호 외 | 중앙대 경영대학

15 분배의 정의
변형윤 외 | 서울대 경제학과

16 도덕적 행동의 강화
이훈구 외 | 연세대 심리학과

17 관료부패와 통제
김해동 외 | 서울대 행정대학원

18 한국경제의 내실 있는 성장
정창영 외 | 연세대 경제학과

19 한국국민정신운동의 역사와 발전방향
박수명 외 | 부산대 사범대학

20 한국대학생의 가치성향과 상담효과
이영희 외 | 숙명여대 교육학과

21 가출청소년과 학교관리체제
안창규 외 | 부산대 교육학과

22 동북아 정세변화와 한 · 일관계
한승조 외 | 고려대 정치외교학과

23 언론과 부정부패
정대철 외 | 한양대 신문방송학과

24 한국의 고등학교 교육
이원호 외 | 부산대 교육학과

25 가족과 방송
김학수 외 | 서강대 신문방송학과

26 재정개혁의 전망과 재산세제의 개편 과제
오연천 | 서울대 행정대학원

27 청소년을 위한 전자게임 프로그램의 규제 및 평가체계 개발
박혜원 외 | 울산대 가정관리학과

28 정신장애자 가족의 사회심리적 특성
이근후 외 | 이화여대 의과대학

29 가족의 관계역동성과 문제인식
이광규 외 | 서울대 인류학과

30 현대인과 한국전통음식
승정자 | 숙명여대 식품영양학과

31 기업의 초고속정보통신망활용
안중호 | 서울대 경영학과

32 지역발전을 위한 교육자치제의 개선방안
김남순 | 조선대 사범대학

33 전환기의 공무원 가치관
조경호 | 울산대 행정학과

34 지방자치와 사회복지의 과제
김영모 | 중앙대 사회복지학과

35 WTO체제하의 지방중소기업 지원정책
최명주 외 | 계명대 통상학부

36 현대한국의 시민운동
이효선 | 중앙대 사회학과

37 기업 세계화의 단계 및 정도의 측정
허영도 외 | 울산대 경영학과

38 가족복지를 위한 가족주치의 시범사업의 효과
이혜리 외 | 연세대 가정의학교실

39 한국대학생의 삶의 만족도
김재은 외 | 이화여대 교육심리학과

40 지역경제와 지역산업구조의 개편방향
정기화 외 | 전남대 경제학부

41 중국기업의 소유형태별 경영특성
노철화 외 | 부산대 무역학과

42 남북한의 인성 · 사상교육
한승조 외 | 고려대 정치외교학과

43 연계적 뇌기능 조언을 위한 의료용 멀티미디어 시스템의 설계
유선국 | 연세대 의용공학교실

44 다민족국가의 민족문제와 한인사회
최협 외 | 전남대 인류학과

45 저소득층지역 청소년 여가문화와 소집단 활성화
박문수 외 | 서강대 사회학과

46 삶의 질의 국제비교와 지역간 비교분석
이재기 외 | 울산대 경제학과

47 21세기 지역주민의 삶의 질
양종회 외 | 성균관대 사회학과

48 삶의 질에 대한 국가간 비교
조명한 외 | 서울대 심리학과

49 외국인 노동자의 노사관계와 사회적 적응
석현호 외 | 성균관대 사회학과

50 한국의 사법제도와 발전 모델
정종섭 | 건국대 법학과

51 고령화사회와 중상층 노인의 사회활동
조성남 외 | 이화여대 사회학과

52 한국의 서비스 시장 개방정책
한홍렬 | 한양대 경제학부

53 한국과 AFTA간의 교역증진 및 경제 협력방안
손일태 외 | 경희대 경제통상학부항

54 물류비 절감을 위한 무역업체의 정보화전략
이영수 외 | 경북대 경제통상학부

55 사회주의 체제전환과 사회정책
오정수 외 | 충남대 사회복지학과

56 남북통일 이후 농업생산체계 개편
홍성규 외 | 건국대 농업경제학과

57 국제화와 세계화
하영선 외 | 서울대 외교학과

58 IMF 개혁정책의 평가와 한국경제의 신(新) 패러다임
조동근 | 명지대 경제학과

59 구조개혁과 실업대책
박동운 | 단국대 경제무역학부

60 21세기 신노사관계
심윤종 외 | 성균관대 사회학과

61 학교에서의 집단 따돌림
이춘재 외 | 가톨릭대 심리학과

62 한국노인의 정신건강실태와 건강증진
조맹제 외 | 서울대 의과대학

63 혁명과 개혁 속의 중국 농민
김광억 | 서울대 인류학과

64 중국의 경제환경과 한국기업의 진출 전략
지용희 외 | 서강대 경영학과

65 김대중 대통령의 시스템 사고
김동환 | 중앙대 공공정책학부

66 실업과 가족해체
최일섭 외 | 서울대 사회복지학과

67 합리적 부채비율 조정방안
오상근 | 동아대 경제학과

68 한국 중산층의 생활문화
문숙재 외 | 이화여대 소비자 · 인간발달학과

69 계층간 갈등상태에서 최적소득세
김진욱 | 건국대 경상학부

70 글로벌 경쟁력 제고를 위한 기업전략과 조직구축
이만우 외 | 고려대 경영학과

71 의료보험과 국민연금의 관리효율화를 위한 통합방안
사공진 외 | 한양대 경제학부

72 정부개혁의 과제와 전략
박우서 외 | 연세대 행정학과

73 책임운영기관 제도에 관한 비교분석
김근세 | 가톨릭대 행정학과

74 새로운 패러다임하에서의 한국기업의 바람직한 지배구조
최운열 외 | 서강대 경영학과

75 현대 한국사회의 계층구조
양춘 외 | 고려대 사회학과

76 한국의 산업정책과 산업구조조정
강인수 | 숙명여대 경제학부

77 기업구조조정
김석진 | 경북대 경영학부

78 지식경영을 위한 인적자원 개발 및 관리체계
장영철 | 경희대 경영학부

79 뉴 비즈니스 모델
전성현 | 국민대 정보관리학부

80 중산층의 정체성과 소비문화
함인희 외 | 이화여대 사회학과

81 외국관광객 유치를 위한 마케팅 전략
박상규 | 강원대 경영학과

82 한국인의 세대별 문학의식
이동순 | 영남대 국문과

83 공공부문의 효율성 평가와 측정
김재홍 외 | 울산대 사회과학부

84 한국 청소년의 정치의식과 형성요인
김광웅 외 | 숙명여대 아동복지학과

85 한국 대학생의 정치의식
배한동 | 경북대 윤리교육과

86 산업의 정보화와 산업발전
이기동 | 계명대 통상학부

87 한국 제조업의 고용조정 분석
이종원 외 | 성균관대 경제학부

88 지식자산에 대한 경영전략적 평가모형 개발
배재학 외 | 울산대 컴퓨터·정보통신공학부

89 관광사업을 위한 한국적 이미지의 휴식복 개발
채금석 | 숙명여대 의류학과

90 한국 정치제도의 개혁
신정현 | 경희대 사회과학부

91 e비즈니스와 아웃소싱 전략
정승화 외 | 연세대 경영학과

92 집단 따돌림의 진단 및 치료방안
홍준표 | 중앙대 인간생활환경학과

93 16대 총선과 낙선운동
조기숙 | 이화여대 국제대학원

94 부동층 유권자 행태 분석
진영재 | 연세대 정치외교학과

95 사이버 공동체의 성공요인
이재관 | 숭실대 경영학부

96 온라인 소비자 행동의 이론과 실증
윤성준 | 경기대 경영학부

97 글로벌 시대 정약용 세계관의 가능성과 한계
차성환 | 한일장신대 역사사회학과

98 러시아의 체제전환 과정에서 나타난 국가의 역할과 그 전망
이상민 외 | 부산대 정치외교학과

99 남북한의 경제발전 수준과 산업구조 비교, 그리고 경제교류 협력방향
주성환 | 건국대 경제학과

100 집단따돌림과 교육해체
한준상 | 연세대 교육학과

101 공적연금제도의 효율성과 개선방안
유금록 | 군산대 행정복지학부

102 벤처기업-대기업의 성공적인 협력 모델
나중덕 | 경산대 경영학과

103 북한의 재외동포정책
조정남 외 | 고려대 정치외교학과

104 사이버 공동체 형성의 역동적 모형
장용호 | 서강대 신문방송학과

105 기업이론과 기업의 소유지배구조
김일태 외 | 전남대 경제학부

106 가축분뇨 자원화를 위한 공동이용조직에 대한 농가선호도 분석
유덕기 | 동국대 생명자원경제학과

107 개혁정책과 전문가 집단
이경원 외 | 제주대 행정학과

108 현대 한국사회의 이중가치체계
신수진 외 | 이화여대 가정관리학과

109 한국의 산업구조 변화와 기업집단 다각화 전략
김용학 외 | 연세대 사회학과

110 지식정보사회의 경제적 모형 설정 및 사례 연구
김범환 | 배제대 경영정보학부

111 변호사징계제도
오종근 | 한림대 법학부

112 인터넷 특허법
김순석 | 광주대 법학과

113 e-비즈니스 시대의 금융 및 재정정책의 새로운 패러다임
이종욱 | 서울여대 경제학과

114 청소년의 하위문화와 정체성
조성남 | 이화여대 사회학과

115 디지털금융시대의 금융구조변화와 정부규제 및 정책
이충열 | 고려대 경제학부

116 지식경영을 위한 기업의 조직설계방안
김경수 외 | 전남대 경영학과

117 전자금융의 발달과 경제정책의 새로운 패러다임
이명훈 | 명지대 경제학과

118 동아시아의 안보와 유엔체제
강성학 편저 | 고려대 정치외교학과

119 유료 치매노인 그룹홈의 개발과 관련 정책
최정신 외 | 가톨릭대 소비자 · 주거학과

120 소비자 지향적 문화산업 정책
홍영준 | 호남대 광고홍보학과

121 국제 · 국가 · 지방 환경규제의 연계
정준금 외 | 울산대 행정학과

122 현행 회사 합병 · 분할제도의 평가와 개선방안
옥무석 외 | 이화여대 법학과

123 배려지향적 도덕성과 정의지향적 도덕성
정옥분 외 | 고려대 사범대학

124 기업구조조정에 대한 채권금융기관 및 금융감독기관의 역할과 책임
이중기 | 한림대 법학과

125 실업대책으로서 한국의 법정기준근로 시간 단축
박영범 | 한성대 경제학과

126 프랑스어의 비분리성 소유개념 표현
노윤채 | 연세대 언어정보연구원

127 지방채의 효율적 관리방안
강태구 | 호원대 법행정학부

128 21세기 산업구조 변화와 과학기술정책
임채성 외 | 그리스도신학대 경영정보학부

129 인터넷 쇼핑몰 이용자의 불평행동
예종석 | 한양대 경영학부

130 한국기업의 성과급제도 현황, 효과 및 개선방안
김성수 | 서울대 경영학과

131 전자상거래와 소비자보호
서민교 외 | 경일대 인터넷국제통상학과

132 평생학습 사회에서의 인적자원개발을 위한 사회적 파트너십 구축
김영화 | 홍익대 교육학과

133 한국 공교육의 새로운 구상과 전략
권대봉 외 | 고려대 교육학과

134 한국의 정부개혁
김태룡 | 상지대 행정학과

135 지방정부 생산성 측정의 이론과 실제
이은국 외 | 연세대 행정학과

136 불가 시문학론
배규범 | 경희대 학술연구 교수

137 남북경제교류의 법적 문제
제성호 | 중앙대 법학과

138 경제위기와 청소년 발달
구인회 | 서울대 사회복지학과

139 생명과학기술의 응용과 기본권보호적 한계
정상기 외 | 한남대 법학과

140 경제발전과 정치환경의 한 · 일 비교분석
정갑영 외 | 연세대 동서문제연구원

141 한국 공교육의 진단
윤정일 외 | 서울대 교육학과

142 우리나라 지방자치 발전을 위한 자치단체장의 역할
정성호 외 | 경기대 사회과학부

143 의료보험제도의 개혁방안
권순원 | 덕성여대 경제학과

144 중등 도덕교육의 현실과 문제
손동현 외 | 성균관대 철학과

145 사이버공동체 발전론
이명식 | 상명대 경영학과

146 남북경협 확대에 대비한 북한 담보제도의 정비방안
박훤일 | 경희대 법과대학

147 한국 공무원 인사제도 개혁
김판석 | 연세대 행정학과

148 교사화법 교육
임칠성 외 | 전남대 국어교육과

149 세계화의 문화정치학
임혁백 외 | 고려대 정치외교학과

150 효과적인 e-SCM을 위한 의사결정 조정 시스템 모형
이원준 | 성균관대 경영학부

151 환경거버넌스
김종순 외 | 건국대 행정학과

152 자동차산업의 인적자원관리
이덕로 | 서원대 경영학부

153 한국과 영국 간 지식기반산업 비교
이명호 | 한국외대 경영학과

154 한국 벤처기업의 기술네트워킹 및 기술마케팅 전략
장영일 | 인제대 경영학부

155 회사변호사의 윤리
오승종 | 성균관대 법과대학

156 미디어교육론
이정춘 | 중앙대 신문방송학과

157 조선시대 서원과 양반
윤희면 | 전남대 역사교육과

158 환경문제와 철학
박찬국 | 서울대 철학과

159 노인보건복지 이론과 실제
김명 외 | 이화여대 보건교육학과

160 북한의 법체계
권재열 외 | 숭실대 법학과

161 생명공학기술의 안전성 확보에 관한 법적 고찰
이재협 | 경희대 법학부

162 청소년복지학
김성이 외 | 이화여대 사회복지학과

163 변화하는 세계, 변화하는 복지국가
조영훈 | 동의대 사회복지학과

164 의리의 윤리와 한국의 유교문화
김낙진 | 진주교대 도덕교육과

165 미국의 통상정책과 통상법
윤충원 | 전북대 무역학과

166 사회복지 프로그램 평가
김학주 | 경상대 사회복지학과

167 환경주의와 지속가능한 발전
정대연 | 제주대 사회학과

168 무역과 환경
김기흥 외 | 경기대 경제학부

169 산업계 유해폐기물의 위험과 관리
김금수 | 호서대 경상학부

170 백범 김구의 지적 계발과정 탐색
문용린 | 서울대 교육학과

171 태평양전쟁 발발 이후 일제의 인적 지배와 그리스도교계의 대응
윤선자 | 전남대 사학과

172 거버넌스 상황에서 갈등관리를 위한 대체적 분쟁해결제도
서순복 | 광주대 법정학부

173 시장경제의 유형과 민주주의
최배근 | 건국대 경상학부

174 일본고전소설 총론
김현정 | 국립한국전통문화학교

175 국어 교육을 위한 국어 문법론
이관규 | 홍익대 국어교육과

176 율곡의 군주론
전세영 | 부산교대 윤리교육과

177 동북아시아 환경협력
정서용 | 명지대 법학과

178 기후변화협약과 기후정책
신의순 외 | 연세대 경제학과

179 인터넷과 국제 학술정보 네트워크-하이퍼링크 분석
박한우 | 영남대 언론정보학과

180 국내 기업복지의 활성화 방안
최수찬 | 연세대 사회복지대학원

181 세계화와 인간안보
김우상 외 | 연세대 정치외교학과

182 세계문화유산 종묘 이야기
지두환 | 국민대 국사학과

183 한국 평생교육의 사회철학적 과제
곽삼근 | 이화여대 교육학과

184 강점모델
정순둘 | 이화여대 사회복지학과

185 글로벌시대의 계약법
박영복 | 한국외대 법과대학

186 배심제와 시민의 사법참여
안경환 | 서울대 법학과

187 동북아공동체
김재한 | 한림대 정치외교학과

188 정치 참여와 탈물질주의
김욱 | 배재대 정치외교학과

189 퍼지전문가회로망을 이용한 금융기관의 사이버 기업여신결정 지원시스템의 개발
권혁대 | 목원대 경영학과

190 환경정책과 환경법
송인성 | 전남대 지역개발학과

191 포스트모던 시대의 평생교육학
한숭희 | 서울대 교육학과

192 현대 한국인의 세대경험과 문화
박길성 외 | 고려대 사회학과

193 서구의 근로연계복지
김종일 | 건국대 사회복지학과

194 사회복지운동론
현외성 | 경남대 사회복지학과

195 외국의 역모기지 사례
유선종 | 건국대 부동산학과

196 옛이야기와 어린이문학
이지호 | 진주교대 국어교육학과

197 노인사회복지관광의 정책과제와 방안
김창수 | 경기대 관광학부

198 복지서비스의 민간위탁 시스템 분석
김순양 | 영남대 행정학부

199 새로운 빈곤층의 대두와 정부의 정책과제
김진욱 | 건국대 경제학과

200 문화행정론
김정수 | 한양대 행정학과

201 스칸디나비아 노인용 코하우징의 계획과 적용
최정신 외 | 가톨릭대 생활과학부

202 북한의 자연생태계
공우석 | 경희대 지리학과

203 통계로 이해하는 러시아
전홍찬 | 부산대 정치외교학과

204 사회복지법인의 경영과 회계
이동규 | 충남대 회계학과

205 의약분업 정책과정
차흥봉 | 한림대 사회복지학과

206 지역공동체와 평생교육
오혁진 | 동의대 평생교육학부

207 아동보호서비스의 실제
한미현 | 백석대 사회복지학부

208 그린마케팅
박재기 | 충남대 경영학부

209 아동권리와 아동복지
이혜원 | 성공회대 사회복지학과

210 국제 이주와 인도인 디아스포라
김경학 | 전남대 인류학과

211 질병과 의료의 사회학
조병희 | 서울대 보건대학원

212 북한이탈주민의 사회통합을 위한 지역복지실천의 모색
이기영 | 부산대 사회복지학과

213 치매노인케어론
조유향 | 초당대 간호학과

214 노인상담입문
서혜경 외 | 한림대 대학원 사회복지학과

215 '통일 이후 통일과정'으로서의 독일 통일영화
이준서 | 이화여대 독어독문학과

216 중국의 사회보장
오정수 | 충남대 사회복지학과

217 환경자원의 경제적 가치와 환경오염의 사회적 비용
김재홍 | 울산대 사회과학부

218 사회복지프로그램의 경제적 평가방법
박창제 외 | 상주대 사회복지학과

219 자유의지와 결정론
안건훈 | 강원대 철학과

220 심리학자들이 쓴 행복한 결혼의 심리학
채규만 외 | 성신여대 심리학과

221 현대 해석학 강의
양해림 | 충남대 철학과

222 한국인의 주거 빈곤과 공공주택
하성규 | 중앙대 도시 및 지역계획학과

223 IMF 경제위기와 한국 출산력의 변화
김두섭 | 한양대 사회학과

224 동아시아의 영토분쟁과 국제법
이석우 | 인하대 법학부

225 독일 복지국가와 사회복지서비스
정재훈 | 서울여대 사회사업학과

226 사회복지사를 위한 실용 비모수통계
엄명용 | 성균관대 사회복지학과

227 피해자학 연구
이윤호 | 동국대 경찰행정학과

228 광고언어창작론
박영준 외 | 부경대 국어국문학과

229 환경규제 패러다임의 전환
한철 | 한남대 법학과

230 고령사회의 노동환경변화와 고용 시스템의 문제점 및 법적 대응
고준기 | 국립군산대 법학과

231 세계화와 소득불평등
이성균 외 | 울산대 사회과학부

232 유비쿼터스 사회의 이해
안중호 외 | 서울대 경영학과

233 국제환경책임법론
박병도 | 건국대 법학과

234 한국의 선거와 민주주의
윤종빈 | 명지대 정치외교학과

235 한국 시민운동의 구조와 동학
조대엽 외 | 고려대 사회학과

236 또래관계
송영혜 | 대구대 재활심리학과

237 해외 한국기업과 현지인 노동자
석현호 외 | 에스코이아학술문화재단

238 독일 국가복지에서 민간복지단체의 역할과 의미
차성환 외 | 한일장신대 사회복지학부

239 청정공학
조정호 | 동양대 생명화학공학과

240 한국전통연희론
심상교 | 부산교육대 국어교육학과

241 정신장애와 가족
서미경 | 경상대 사회복지학부

242 빈곤통계의 작성과 활용
김주환 | 동국대 정보통계학과

243 인터넷과 한국정치
강원택 | 숭실대 정치외교학과

244 북한의 시장경제이행
정영화 외 | 서경대 법학과

245 시스템사고로 본 지속가능한 도시
문태훈 | 중앙대 도시및지역계획학과

246 실버산업과 유비쿼터스 컴퓨팅
고일상 | 전남대 경영학부

247 재활상담과 사례관리
나운환 | 대구대 직업재활학과

248 영유아교육기관에서의 장애 이해 교육
유수옥 | 우석대 유아특수교육과

249 장애의 사회적 의미와 사회통합
박수경 | 대진대 사회복지학과

250 경제분석의 수리적 기초
조인성 | 공주대 경제통상학부

251 비영리부문의 비교연구
김승현 | 서울산업대 행정학과

252 고등교육경제학
반상진 | 전북대 교육학과

253 과학윤리교육의 이론과 방법
조희형 | 강원대 과학교육학부

254 결혼이민자가족의 이해
김오남 | 대불대 사회복지학과

255 동아시아 국가의 공공부조
신동면 | 경희대 사회과학부

256 특수아동 진단 및 평가
이나미 | 대불대 특수교육과

257 계약형 사회복지와 권리옹호시스템
이명현 | 경북대 상주캠퍼스 사회복지학과

258 실내공기질 및 위해성 관리
양원호 | 대구가톨릭대 산업보건학과

259 충남 방언 문법
한영목 | 충남대 국어국문학과

260 교육권론
노기호 | 군산대 법학과

261 도시경관계획론
임승빈 | 서울대 조경 · 지역시스템공학부

262 교통의 새로운 패러다임
김형철 | 경원대 도시계획 · 조경학부

263 노인의 삶의 질 향상을 위한 주거환경 디자인
천진희 | 상명대 디자인대학 실내디자인전공

264 사회복지와 문화
박병현 | 부산대 사회복지학과

265 장애인복지의 이론과 실제
이선우 | 인제대 사회복지학과

266 창의성 개발을 위한 디자인교육 콘텐츠
김선영 | 인천가톨릭대 조형예술대학 환경디자인학과

267 구성주의 사회복지 실천 기술론
고미영 | 서울신학대 사회복지학과

268 장애아교육학
김기흥 | 부산교육대 유아교육과

269 지역사회복지와 자원부문
한상진 외 | 울산대 사회학과

270 환경관리회계
육근효 | 부산외국어대 회계학부

271 인권 관점에서 보는 장애인복지
유동철 | 동의대 사회복지학과

272 정신증상
송지영 | 경희대 의과대학병원 신경정신과

273 사이버공간의 사회심리학
이성식 외 | 숭실대 정보사회학과

274 노인에 대한 사회적 돌봄과 돌봄 서비스의 질 보장
최희경 | 신라대 가족노인복지학과

275 아동 심리치료의 실제
신현균 | 전남대 심리학과

276 사회복지와 위험관리
노충래 | 이화여대 사회복지전문대학원

277 국제 탄소시장의 이해
양승룡 | 고려대 식품자원경제학과

278 타자의 초상
신문수 | 서울대 영어교육과

279 한국정치와 환경정치
나정원 | 강원대 정치외교학과

280 북한이주민
윤인진 | 고려대 사회학과

281 음주의 사회경제적 비용
정우진 외 | 연세대 보건대학원

282 지방정치와 동북아 도시거버넌스
박재욱 | 신라대 행정학과

283 노숙인 복지론
남기철 | 동덕여대 사회복지학과

284 유럽통합과정과 지역협력
이규영 | 서강대 국제대학원

285 사회복지재정 연구
지은구 | 계명대 사회과학대학 사회복지학과

286 지역사회 교육개혁을 위한 시민사회 조직의 참여
김영화 | 홍익대 교육학과

287 복지사회를 대비한 국민연금의 구조개혁
박영석 외 | 서강대 경영학부

288 한미 FTA 지재권 협상에 따른 의약품 분야 사회후생 변화
오근엽 | 충남대 무역학과

289 산업입지, 환경 그리고 지역경제
이기동 외 | 계명대 국제통상학과

290 감성지능 개발을 통한 삶의 질 향상
김경수 외 | 전남대 경영학부

291 교육복지론
이용교 외 | 광주대 사회복지학부

292 인간과 행복에 대한 철학적 성찰
박찬국 | 서울대 철학과

293 유럽연합의 사회통합 사례와 교훈
이무성 | 명지대 정치외교학과

294 민영화와 사회후생
이상호 | 전남대 경제학부

295 북한의 교육학 체계 연구
최영표 외 | 동신대 교육대학원

296 한국 지속가능발전의 구조와 변동
정대연 | 제주대 사회학과

297 우리나라의 공익 연계 마케팅에 관한 연구
임승희 | 전주대 경영학부

298 시각장애인복지론
김영일 | 조선대 특수교육과

299 그린에너지와 환경촉매
정석진 | 경희대 화학공학과

300 취약학교 초등학생을 위한 온라인 보건 교육 프로그램
박경옥 | 이화여대 보건관리학과

301 신탁제도를 통한 고령자의 보호와 지원
최수정 | 서강대 법학전문대학원

302 사회적 약자계층에 대한 실태분석 및 정책방안
이은우 외 | 울산대 경제학과

303 한류 문화와 동북아 공동체
최혜실 | 경희대 국어국문학과

304 노동유연화와 해고보호법
권혁 | 부산대 법학전문대학원

305 사회복지 위험관리의 이해
박미은 | 한남대 사회복지학과

306 의료기관의 회계와 세무
노준화 | 충남대 경영학부

307 여성인적자원의 전문성 확보를 위한 경력개발
백지연 | 이화여대 국제사무학과

308 정신병리
강선경 | 서강대 신학대학원

309 바다의 반란 적조
윤양호 | 전남대 해양기술학부

310 한국 장애인 복지 발달사
이성규 | 서울시립대 사회복지학과

311 서양예술 속의 동양 탐색
진상범 | 전북대 독어독문학과

312 한국인의 도덕성 발달 진단
문용린 | 서울대 교육학과

313 영국정치와 국가복지
고세훈 | 고려대 공공행정학부

314 인간학적 사유를 여는 중도·중복장애 교육학
이숙정 | 단국대 특수교육과

315 개별화 교육과정
이소현 | 이화여대 특수교육과

316 인간의 긍정적 성품
권석만 | 서울대 심리학과

317 지방자치와 지역여성의 전망
이혜숙 | 경상대 사회학과

318 한국 현대 노년소설 연구
전흥남 | 한려대 교양학부

319 정보격차 해소를 위한 창의적 정보교육 프로그램
이영준 외 | 한국교원대 컴퓨터교육과

320 한국 가족과 젠더
손승영 | 동덕여대 교양학부

321 한국의 복지혼합
김진욱 | 서강대 신학대학원

322 사회자본과 자원봉사
김태룡 외 | 상지대 행정학과

323 농촌교육복지연구
박삼철 | 단국대 교양학부

324 사회정체성 평가 차원에 대한 국제 비교조사
이명진 | 고려대 사회학과

325 캐나다 복지국가 연구
조영훈 | 동의대 사회복지학과

326 한국의 소수자운동과 인권정책
전영평 외 | 서울대 행정대학원

327 한국과 미국의 보육서비스 전달체계와 품질 비교분석
김근세 외 | 성균관대 국정관리대학원

328 한국사회의 소득불평등과 국민 의료이용
이용재 | 호서대 사회복지학과

329 정보시대의 인간안보
조화순 | 연세대 정치외교학과

330 가족의 사회경제적 특성과 아동발달
김광혁 | 전주대 사회복지학과

331 초·중·고등학생의 학업소진 진행과정 및 경로분석
이상민 | 고려대 교육학과

332 다문화사회의 사법통역
이지은 | 이화여대 통역번역대학원

333 동아시아 지역주의
유현석 | 경희대 정치외교학과

334 환경친화적 공공시설관리와 지역공동체의 삶의 질
이소영 | 중앙대 실내디자인·주거환경학과

335 의료보험의 법정책
김나경 | 성신여대 법과대학

336 양극화 시대 가족해체와 청소년의 적응에 관한 한국과 미국의 비교 연구
오승환 외 | 울산대 사회복지학과

337 기업의 사회적 책임과 지역경제사회발전 연구
허영도 외 | 울산대 경영학부

338 노인의 삶의 질 향상을 위한 온라인 소셜 네트워크 구축 방안
김진우 | 연세대 경영학과

339 청소년 생활역량
윤명희 외 | 동의대 평생교육학과

340 외국인 배우자의 다양성과 국제결혼의 안정성
김두섭 | 한양대 사회학과

341 정보인권의 규범구체화
이민영 | 가톨릭대 법학과

342 한국 사회복지실천의 고유성
최성재 외 | 서울대 사회복지학과

343 스웨덴의 환경책임 실천모형
최희경 | 경북대 행정학부

344 자율운동과 주거공동체
윤수종 | 전남대 사회학과

345 한국인의 공공봉사동기
김상묵 | 서울과학기술대 행정학과

346 한국 이혼가정 아동의 성장
김혜숙 | 경인교육대 교육학과

347 동양 사상과 노인 복지
홍승표 외 | 계명대 사회학과

348 노동과 사회보장의 연계
오문완 | 울산대 법학과

349 학습장애 위험군 아동의 조기선별을 위한 읽기검사 표준화 연구
김애화 외 | 단국대 특수교육학과

아 | 산 | 재 | 단 | 연 | 구 | 보 | 고 | 서

1 한국인의 도덕성 연구
배해수 | 고려대 국문학과

2 산업화와 청소년 진로
이원호 | 울산대 교육학과

3 공동체의식과 시민운동
김영섭 | 한양대 행정학과

4 한국청년의 삶의 의미 충족도와 만족적 태도
안정수 | 경희대 철학과

5 중국조선족의 사회발전과 한·중관계의 위상
손장권 | 고려대 사회학과

6 해송림 "솔껍질깍지벌레"의 천적 및 주요 종의 생태
김규진 | 전남대 농생물학과

7 사회정의와 실천윤리
박종대 | 서강대 철학과

8 동구개혁의 영향
김달중 | 연세대 정치외교학과

9 한국청소년의 의식세계
김문조 | 고려대 사회학과

10 고강도 철근 콘크리트 구조의 실용화
정헌수 | 중앙대 건축학과

11 신기술의 연관형태 및 출현예측의 구조모형
권철신 | 성균관대 산업공학과

12 민간기업의 연구개발을 위한 조세정책
권영훈 | 한양대 경제학부

13 기술개발 활성화방안
송승구 | 울산대 화학공학부

14 부패의 현상과 진단
이문조 | 영남대 정치외교학부

15 연구투자의 지역적 편중화와 부산지역의 기초과학연구 활성화방안
윤웅찬 | 부산대 화학과

16 GATT의 신구 덤핑방지협정과 그 대응방안
전창원 | 동국대 무역학과

17 한국사회의 도덕성 제고를 위한 진단과 처방
황경식 | 서울대 철학과

18 새로운 노사관계 방향
이진규 외 | 고려대 경영학과

19 21세기 동북아 정세예측과 한국의 전략적 대응방안
최평길 외 | 연세대 행정학과

20 소련의 한국에 대한 정책목표분석
신승권 | 한양대 정치외교학과

21 메모리 커패시터용 $Pb(Zr_xTi_{1-x})O_3$ 강유전체 박막의 제작과 특성
장지근 외 | 단국대 전자공학과

22 러시아 국제법학의 전통
김용구 | 서울대 외교학과

23 유럽연합의 현황과 전망
김동현 외 | 성균관대 행정학과

24 중국의 정치동원
송영우 외 | 건국대 정치외교학과

25 산업적 활용을 위한 이동로보트 시스템의 개발
박민용 외 | 연세대 전자공학과

26 중국조선족의 정치사회화과정과 동화적 국민통합의 방향
전인영 외 | 이화여대 사회생활학과

27 공적부조의 이론과 실제
최일섭 외 | 서울대 사회복지학과

28 대외통상환경의 변화와 법제개편
서헌제 | 중앙대 법학과

29 기업금융의 국제화
최생림 | 한양대 경영학부

30 자동차부품공업의 노사관계
김호진 외 | 고려대 행정학과

31 산업화 과정에서의 한국가족의 실태와 전망
정창수 외 | 성균관대 사회학과

32 공무원 가치관 실태와 정립방안
배병룡 외 | 경상대 행정학과

33 해외귀국청소년의 국내적응연구
이장영 | 국민대 사회학과

34 초고속정보통신망에서 LAN서비스 제공방안
이재용 | 연세대 전자공학과

35 WTO체제의 정책적 대응
김병진 외 | 경희대 행정학과

36 유럽의 통합정치
최수경 외 | 충남대 정치외교학과

37 유기질폐기물을 이용한 고단백사료원 인 조류의 생산공정
최정우 외 | 서강대 화학공학과

38 초고속정보통신망의 수용성과 정책방향
박영상 외 | 한양대 신문방송학과

39 중국의 강남사회와 한중교섭
조영록 외 | 동국대 사학과

40 세계화시대의 사회·문화의식
신행철 외 | 제주대 사회학과

41 국내 외국인 노동자의 문제와 대책
성규탁 외 | 연세대 사회복지학과

42 노인인력 활용정책과 프로그램
김정후 외 | 강원대 법과대학

43 한일간 학술교류 현황과 활성화방안
정홍익 외 | 서울대 행정대학원

44 계량모형에 의한 한일 경제관계의 이해
김명직 외 | 한양대 경제학부

45 직장인의 음주행태와 삶의 질
진기남 외 | 연세대 보건행정학과

46 유통정보 시스템의 구조와 설계
정용길 | 충남대 경영학과

47 남북통일 이후 사회통합을 위한 교육의 역할
안기성 외 | 고려대 교육학과

48 대중음악에 심취한 청소년들의 심리적 특성
김인경 외 | 연세대 인간행동연구소

49 멀티미디어 시스템을 활용한 교육환경의 개선방안
김한일 | 제주대 컴퓨터교육학과

50 탈냉전기 한일관계의 쟁점
최상룡 | 고려대 정치외교학과

51 자치시대 새로운 '삶의 질' 지표의 모색
김형기 외 | 경북대 경제통상학부

52 유럽통합의 역내외 협력과 갈등
이호재 외 | 고려대 정치외교학과

53 21세기를 대비한 신노사관계
김재원 | 한양대 경제학부향

54 대학의 시간제학생 등록제
안규철 외 | 전남대 교육학과

55 21세기에 대비한 방송통신정책
한진만 외 | 강원대 신문방송학과

56 주민참여를 통한 혐오시설 관리운영방안
박균성 외 | 경희대 법학부

57 여성의 정치적 권리인식과 정치참여
전경옥 외 | 숙명여대 정치외교학과

58 한국인 위장질환과 식생활·환경요인 및 *H. pylori* 감염과의 관계
이양자 외 | 연세대 식품영양학과

59 학생과 시민의 자원봉사활동
윤정일 외 | 서울대 교육학과

60 동북아 환경문제와 지역환경협력의 모색
신연재 외 | 울산대 정치외교학과

61 노인 자원봉사활동을 통한 사회통합 프로그램 개발
김동배 | 연세대 사회복지학과

62 물류정보 시스템
김태현 | 연세대 경영학과

63 전자식 문서교환을 이용한 항공화물 운송체계
민재형 | 서강대 경영학과

64 청소년과 성
이근후 | 이화여대 의과대학

65 민족통합과 무궁화호 위성의 남북한 공동활용방안
방정배 | 성균관대 신문방송학과

66 채식주의가 20대 여성의 영양상태와 에스트로겐 대사에 미치는 영향
성미경 | 숙명여대 식품영양학과

67 가상정보공간을 통한 지역개발 활성화 전략
유재천 외 | 한림대 언론정보학부

68 조산아 관리현황 및 정책수립 방안
박상기 외 | 조선대 의과대학

69 남북한관의 의식조사와 통일교육 개선방안
김동규 외 | 고려대 북한학과

70 동양 전통 자연사상 탐구
장동순 | 충남대 환경공학과

71 초고속정보망의 시뮬레이터 구현
한기준 | 경북대 컴퓨터공학과

72 유통원가 시스템의 유효성
정다미 | 명지대 경영학과

73 국악과 문화관광의 만남
정익준 외 | 동아대 국제관광통상학부

74 기업의 지식경영 활용사례
김창은 | 명지대 산업공학과

75 선진국과 한국의 직업교육·훈련제도의 특성과 한계
정주연 | 고려대 경제학과

76 제주지역 성인 여성의 자원봉사활동
이상철 외 | 제주대 사회학과

77 M&A와 문화충돌 관리
박원우 | 서울대 경영학과

78 폐금속광산 인근 주민들의 중금속 오염실태
정종학 외 | 영남대 의학과

79 북한 농촌·농업실태와 인력자원개발 시스템을 통한 북한 농민의 구호방안
박성열 | 건국대 교육공학과

80 중소 소매점의 경쟁력과 소매성과
채명수 외 | 한국외대 무역학과

81 고령자를 위한 쾌적한 실내온도와 착의량의 설정
정운선 | 안동대 의류학과

82 지역문화 이벤트 PR
박종민 | 경희대 언론정보학부

83 인터넷 지역정보화의 실태와 전략
유평준 외 | 연세대 행정학과

84 여성 삶의 질 향상을 위한 사회교육 활성화 방안
김양희 | 중앙대 가족복지학과

85 벤처기업과 벤처금융
강대석 외 | 충남대 무역학과

86 구조조정기에 있어서 실업대책과 사회안전망 구축
박천익 | 대구대 경제학과

87 한국 유아의 조기교육
이명조 외 | 한국외대 교육대학원

88 남북한 경제공동체 형성전략
이상만 | 중앙대 경제학과

89 지방자치회계의 투명성과 주민의 알 권리
권찬태 외 | 경북대 경영학부

90 정치지도자의 정책리더십
이해영 | 경일대 행정학과

91 경제위기와 한국인의 복지의식
신광영 외 | 중앙대 사회학과

92 북한의 노동
김강식 | 한국항공대 경영학과

93 우리나라 중소기업의 정보기술 활용 현황과 경쟁력 강화를 위한 제안
정승호 | 부산외대 정보시스템학과

94 인간배아복제의 법적 · 윤리적 문제점과 그 해결방안
최병규 | 한경대 법학부

95 가치변화에 따른 투표행태
조찬래 외 | 충남대 정치외교학과

96 인터넷 경매에서의 계약체결과 소비자 보호
이기수 외 | 고려대 법과대학

97 세계화시대 남북한 통합의 방향과 과제
윤민재 | 서울대 사회발전연구소

98 글로벌 시대 지방정부의 문화마케팅 전략
박흥식 | 중앙대 행정학과

99 대졸여성실업의 실태분석 및 대학-노동 시장 간 효율적 연계방안
이은우 외 | 울산대 사회과학부

100 그린 투어리즘의 분석
이응진 | 대구대 관광학부

101 지방자치단체장의 부정부패
오일환 | 한양대 아태지역연구센터

102 산업화가 유교체제하 중국여성의 지위에 미친 영향
천성림 | 배재대 사회과학연구소

103 움직이는 말하기
유혜숙 외 | 나사렛대 교양학부

104 장애학생을 위한 특수교육공학의 활용
김용욱 | 대구대 중등특수교육과

105 지식기반사회의 평생교육 이해와 평생교육 프로그램 개발
박성열 | 건국대 교육공학과

106 N세대의 미술교육
김동철 | 대구교육대 미술교육학과

107 노후계획과 투자
권택호 | 여수대 국제통상학과

108 영화산업
양영철 | 경성대 연극영화학부

109 동유럽의 변혁과 언론의 역활
정대수 | 경남대 정치언론학부

110 환율, 임금, 물가가 국제경쟁력 및 수출입산업에 미치는 영향
하인봉 | 경북대 경제통상학부

111 일본기업의 기술혁신 전략
위정현 | 중앙대 상경학부

112 노후보장정책과 역저당연금제도
조덕호 외 | 대구대 행정학과

113 유비쿼터스 라이프와 미래 사회
김석수 | 한남대 멀티미디어공학과

114 죽음과 관련된 생명윤리적 문제들
구인회 | 가톨릭의과대 인문사회과학교실

115 경제적 세계화와 빈곤문제, 그리고 국가
김준현 | 한일장신대 인문사회과학부

116 한국의 세계불교유산
김종명 | 한국학중앙연구원 한국학대학원

117 복지레저서비스론
고태규 | 한림대 국제학부

118 자생적 철학체계로서 인간중심철학
선우현 | 청주교대 윤리교육과

119 전략적 통합과 한반도 평화체제
김승채 | 고려대 정책대학원

120 환경사법론
전경운 | 경희대 법학부

121 인터넷 자료를 통해 본 한국의 이혼 문화와 사회복지
성정현 외 | 협성대 사회복지학과

122 유럽연합의 사회정책에 관한 연구
문진영 | 서강대 신학대학원 사회복지학과

123 여성건강의 통합적 관점
김혜원 | 관동대 간호학과

124 복잡계 네트워크 과학
강병남 | 서울대 물리천문학부

125 경제적인 3세대 전원주택 개발
박근준 | 호서대 건축공학과

126 사회복지와 인적자원개발
이상일 | 인제대 국제경상학부